Andrea Pabel

DAS WILDPFERD AUS DEN ROTEN BERGEN

Ein Fohlen für Biba

SCHNEIDER BUCH

CIP-Titelaufnahme der Deutschen Bibliothek

Pabel, Andrea:
Das Wildpferd aus den roten Bergen / Andrea Pabel. – München :
F. Schneider.

Bd. 6. Ein Fohlen für Biba. – 1990
ISBN 3-505-04133-5

Hrsg. Helga Wegener-Olbricht

Frankfurter Ring 150 · 8000 München 40

Titelbild und Illustration: Ines Vaders
Umschlaggestaltung nach der Konzeption
von Claudia Böhmer
Lektorat: Helga Wegener-Olbricht
Herstellung: Dietmar Schwingenschlögl
Satz/Druck: Presse-Druck Augsburg
ISBN: 3 505 04133-5

In den Bergen
erwartet mich mein Pferd.
Sein Wiehern eilt mir voraus.
Wach ist sein Auge,
sicher der Tritt seiner Hufe.

Lied der Zuni-Indianer

INHALT

Ein großer Plan	11
Der unheimliche Ritt	24
Die Fahrt zu den Hengsten	39
Ben hat einen Plan	50
Das Geschenk des Adlers	64
Biba und Komet	84
Abschied von Dan Lachender Waschbär	96
Das goldrote Fohlen	111

Auf der kargen und wilden Hochebene New Mexicos, der Mesa, gibt es auch heute noch einige Herden wildlebender Pferde. Die Menschen in den indianischen Reservaten sind oft so arm, daß sie manche ihrer Zucht- und Arbeitspferde im Winter sich selbst überlassen müssen. Die Herden streifen frei umher und suchen sich ihr Futter selbst. Einige dieser halbwilden Pferde kehren aber im Frühjahr nicht mehr in die Pueblos zurück, sie lassen sich nicht mehr einfangen.

So wurden sie im Laufe der Jahre und Generationen zu Wildpferden der Mesa in den Bergen.

Die edle Zuchtstute Nesha aus dem indianischen Pueblo war in einem sehr kalten Winter zu der Herde des legendären pechschwarzen Wildhengstes El Moro gestoßen. Nur wenige Menschen hatten diesen ungezähmten Hengst jemals gesehen, aber die Indianer erzählten Wunderdinge von ihm und daß er magische Kräfte besitze. Als Nesha nach zwei Jahren ihren Weg zurück zu den Menschen fand, brachte sie ein wildes kleines Fohlen mit, das zu der Stute heranwuchs, von der diese Geschichte handelt – der schwarzen Stute Biba. Als Bibas goldrotes Stutfohlen Sameda geboren wird, begreift Johanna, daß Geburt und Tod natürliche Vorgänge sind, die zum Kreislauf des Lebens gehören.

Ein großer Plan

Johanna beobachtete, wie sich der Sturm zusammenbraute. Riesige, schwarze Wolken warfen dunkle Schatten auf die Berge. Orangerotes Glühen umspielte die Ränder der Wolkenschiffe. In den noch kahlen Ästen der Bäume wütete ein heftiger Wind. Mit lautem Knall flog die Küchentür zu. Das junge Mädchen rührte in ihrer Tasse und lehnte sich im Stuhl zurück. Der nahende Frühling kündigte sich hier in New Mexico jedes Jahr mit Stürmen und Gewittern an. Es regnete nicht tagelang, statt dessen tobten kurze, heftige Gewitter. Sie brachten Regenstürze und warme Luft mit sich. Sie verwandelten die trockene, rote Erde im Handumdrehen in knöcheltiefen, schweren Morast.

Ein heller Blitz flammte über den dunklen Himmel.

Gleich darauf krachte ein Donnerschlag.

Johannas Tür wurde aufgedrückt. Friedel, der Hund ihres Bruders, kam jaulend hereingestürzt. Mit einem Satz war er unter Johannas Schreibtisch und verkroch sich winselnd in der hintersten Ecke. „Armer Friedel“, sagte Johanna und kniete sich neben den Schreibtisch. Sie streichelte den verängstigten Hund und redete ihm gut zu. „Bald ist es wieder vorbei“, sagte sie beruhigend.

Aber Friedel sah sie unglücklich an, denn nun zuckte ein Blitz nach dem anderen über den Himmel, die Donnerschläge knallten ohrenbetäubend. Schwere Regentropfen schlugen an die Scheiben und prasselten auf das Dach. Die Äste stöhnten und knarrten im Wind. Friedel zitterte am ganzen Körper. Johanna blieb bei ihm sitzen, bis das Gewitter abflaute. „Hörst du, nun rollt der Donner nur noch ganz leise“, sagte sie endlich. „Du könntest ruhig wieder unter meinem Schreibtisch hervorkommen.“

Aber Friedel zog den Schwanz ein und rührte sich nicht von der Stelle. Johanna stand auf und trat ans Fenster. Das Gewitter verzog sich so schnell, wie es gekommen war. Im Osten brachen die ersten Sonnenstrahlen hervor, obwohl es noch leicht regnete. „Das gibt bestimmt einen herrlichen Regenbogen“, murmelte Johanna. „Ich fahre zu Biba und gehe reiten.

Willst du mitkommen, Friedel?“

Der Hund wedelte mit dem Schwanz, aber er kam nicht aus seinem Versteck hervor. „Dann mußt du eben zu Hause bleiben“, sagte Johanna und ging ins Bad. Sie bürstete ihre dicken roten Locken und band sie im Nacken zusammen. Ihr Gesicht war sonnengebräunt und verriet, daß sie viel Zeit mit ihrer Stute an der frischen Luft verbrachte. Johannas grüne Augen blitzten unternehmungslustig, als sie die Haustür hinter sich schloß und ihr Fahrrad aus dem Schuppen holte.

Der Regenbogen war fast den ganzen Weg bis zu Johnsons Farm zu sehen. Dort war Johannas Stute Biba eingestellt, obwohl das Mädchen ihr Pferd regelmäßig selbst versorgte.

In leuchtenden Farben spannte sich der Regenbogen über die Berge. Sah man genau hin, konnte man noch einen zweiten Regenbogen entdecken, der sanft schimmerte.

Jill Johnson stand auf ihrem Hof und sah zu, wie die Farben allmählich verblaßten, als Johanna um die Ecke bog. „Regenbogen sind das Schönste an Gewittern“, sagte die junge Frau, als sie Johanna begrüßte.

Das Mädchen nickte. „Ja, nun wird es wirklich Frühling“, sagte sie. Dann holte sie Bibas Halfter und das Führseil aus der Sattelkammer.

„Ich komme mit!“ rief Jill. „Ich will sehen, was der Regen aus unserer Koppel gemacht hat!“

Jill mochte Johanna. Das Mädchen hatte ihre Stute nun schon seit über zwei Jahren bei den Johnsons stehen. In dieser Zeit hatten sie alle viel erlebt. Jill hatte Johannas Pferdeverstand und ihre Zuverlässigkeit schätzen gelernt. Nie vernachlässigte sie ihr Pferd. Das Wohlergehen der Stute ging vor, was immer auch geschah, „ob es schneite, regnete oder vierzig Grad im Schatten hatte“, wie Johannas Vater manchmal sagte.

Am Koppeltor blieben Johanna und Jill stehen. Die große Weide lag im Abendlicht vor ihnen. In jeder Vertiefung stand das Wasser, und am Gatter hatten die Pferde alles zu rotem Matsch zertrampelt.

„Meine Güte!“ rief Jill. „Ich bin immer wieder erstaunt, wie schnell Pferde und Regen diese Weide in einen Sumpf verwandeln können!“

„So, wie es jetzt aussieht, hätten wir uns besser Nilpferde angeschafft“, lachte Johanna.

Die Pferde hatten die Stimmen gehört und tauchten hinter einem Hügel auf. Biba erkannte Johanna und wieherte freudig. Dicht hinter der schwarzen Stute lief Goldie, Jills hübsche Fuchsstute. Sie hatte das Pferd erst vor ein paar Monaten von ihrem Mann geschenkt bekommen. Jill und Johanna begrüßten die Pferde liebevoll. Alle drängten sich um sie, jedes Tier wollte beachtet werden.

Jill strich nachdenklich über Goldies glänzende Mähne. „Die hat sehr gute Papiere“, sagte sie. „Seit ein paar Tagen spiele ich mit dem Gedanken, sie zum Hengst zu bringen.“

„Goldie würde sicher ein wunderschönes Fohlen haben“, meinte Johanna. Ihre Augen glänzten. „Ich würde mich freuen, wenn im nächsten Frühjahr ein Fohlen hier über die Weide laufen würde.“

Jill lächelte. „Die Sache hat nur einen Haken! Man soll Fohlen nicht allein aufwachsen lassen. Sie brauchen die Gesellschaft anderer Fohlen, mit denen sie spielen können.“

„Das stimmt.“ Johanna nickte. „Talio tat mir deshalb immer leid, aber es gab keine andere Möglichkeit.“ Sie blickte nachdenklich zu den Bergen hinüber. Talios Mutter war von einer kriminellen Bande von Pferdefängern erschossen worden. Die jungen Männer hatten versucht, die in den Bergen lebenden Wildpferde einzufangen, um sie an eine Hundefutterfabrik zu verkaufen. Johanna war es mit Hilfe ihrer Freunde aus dem indianischen Pueblo in letzter Minute gelungen, die Wildpferde zu retten. Nur für die graue Stute war jede Hilfe zu spät gekommen. Johanna hatte das verwaiste Hengstfohlen Talio mit nach Hause genommen und mit der Flasche aufgezogen.

„Hast du je daran gedacht, Biba decken zu lassen?“ unterbrach Jill Johannas Gedanken.

Das Mädchen sah sie erstaunt an. „Ich habe manchmal darüber nachgedacht, aber ernsthaft geplant habe ich es noch nie!“

„Ich möchte dich nicht zu etwas überreden, was du nicht selbst möchtest“, sagte Jill. „Aber wenn du Biba auch decken lassen würdest, hätten die Fohlen Gesellschaft, und wir könnten uns die Arbeit teilen.“

Johannas Augen glänzten. „Es wäre ein Fohlen, das ich behalten könnte“, sagte sie leise.

Jill wußte, wie schwer es Johanna gefallen war, ihrem geliebten Hengstfohlen die Freiheit zu schenken. Talio war trotz Johannas liebevoller Pflege immer ein Wildpferd geblieben. Er hatte jede Gelegenheit wahrgenommen, um in die Berge zu entkommen. Johanna hatte große Pläne mit ihm gehabt. Sie hatte gehofft, daß aus dem Fohlen eines Tages ein bekannter Zuchthengst werden würde.

Jill achtete Johannas Entschluß, ihre Pläne aufzugeben und den jungen Hengst in die Freiheit zu entlassen, damit er so leben konnte, wie er leben wollte.

„Ist es noch zu früh, um die Stuten decken zu lassen?“ fragte Johanna. „Sie tragen doch elf Monate. Vor vier Wochen war es noch ziemlich kalt.“

„Du hast recht!“ Jill nickte. „Noch ist es zu früh. Wir müßten ja auch erst einmal passende Hengste heraussuchen und die Stuten dort anmelden.“

„Kennst du jemanden, der schöne Hengste besitzt? Gute Vererber?“

Jill schüttelte den Kopf. „Ich habe im Haus einen ganzen Berg Zuchtjournale mit Anzeigen für Deckhengste. Wir können sie gemeinsam durchsehen, wenn du möchtest.“

Johanna betrachtete ihre Stute nachdenklich. „Was sagst du dazu, Biba? Hier planen wir für dich und haben dich gar nicht gefragt, ob du überhaupt ein Fohlen möchtest.“

Biba schnaubte und rieb ihre weichen Nüstern sanft an Johannas Schultern. „Ich werde ausreiten und mir die Sache gut überlegen“, sagte Johanna endlich. „Ich muß auch meine Eltern fragen, ob sie einverstanden wären!“ Damit streifte sie der Rappstute das Halfter über. Mit einem gewandten Schwung saß Johanna auf Bibas breitem Rücken. „Zum Glück ist sie schon wieder trocken“, lachte Johanna. Sie winkte Jill zu und trabte in Richtung der Sattelkammer davon.

Johanna liebte es, mit Biba durch die Weite der Hochwüste zu streifen. Sie war gern mit ihrem Pferd allein. „Hier habe ich das Gefühl, in Ruhe nachdenken

2 4133-8

zu können", sagte sie und klopfte ihrer Stute den Hals.

Sie erinnerte sich an die Ereignisse des letzten Jahres. Gemeinsam mit der gleichaltrigen Betsy und einer alten Dame, der Freundin Bernice, hatte Johanna im Sommer einen Wanderritt in die Berge unternommen. Sie hatte Talio gesehen, nachdem er im Kampf von seinem Vater, dem legendenumwobenen El Moro, verletzt worden war. Hoffentlich geht es ihm gut, dachte Johanna. Sie lächelte. „Es wäre schön, wieder ein so kleines, langbeiniges Fohlen über die Weide flitzen zu sehen, nicht wahr, Biba?" Johanna sprach viel mit ihrem Pferd, und sie war überzeugt, daß Biba den Sinn ihrer Worte verstand.

Die Rappstute schnaubte und spitzte die Ohren. Vor ihnen tauchte ein großer Zedernbusch auf. „Hier haben wir Ben kennengelernt", erinnerte sich Johanna. „Damals hat er uns einen ziemlichen Schrecken eingejagt."

Ben war plötzlich mit seinem Wolf Kudjo vor ihnen in der Dämmerung gestanden. „Wir würden uns bestimmt nicht mehr fürchten, wenn er uns heute begegnete", fuhr Johanna fort. In den vergangenen Monaten hatte sie immer mehr Zeit mit Ben verbracht. Manchmal ritten sie zusammen aus, obwohl Bens große Liebe nicht Pferden, sondern seinem Wolf galt ... und

Johanna. Zwischen den beiden war eine enge Beziehung entstanden.

Plötzlich riß Bibas helles Wiehern das Mädchen aus ihren Gedanken. Sie sah sich um, konnte aber kein anderes Pferd entdecken. Da ertönte aus dem Zederngestrüpp ein wohlbekanntes Pfeifen.

„Dan Lachender Waschbär", rief Johanna, „wie hast du dich nur wieder unbemerkt angeschlichen?"

Der alte Indianer kam auf seiner mageren Scheckstute Rose hinter dem Gebüsch hervor. Fest hatte er seine zerlöcherte Decke um sich geschlungen. Der Alte kicherte fröhlich. Ein breites Lachen überzog sein wettergegerbtes Gesicht, in seinen dunklen Augen blitzte es übermütig. „Es ist nicht schwierig, dich zu überraschen, kleine Freundin. Worüber hast du nachgedacht?"

Johanna erzählte dem alten Mann von Jills Vorschlag, beide Stuten decken zu lassen. Der Indianer nickte zufrieden. „Das ist gut", meinte er. „Biba hat die besten Blutlinien. Du weißt, daß ihre Mutter der Stolz des Pueblos war. Über ihren Vater brauche ich dir nichts zu sagen."

Johanna nickte. Es stimmte, das Bild des edlen Wildhengstes El Moro war unauslöschlich in ihrem Gedächtnis eingeprägt, obwohl sie ihn nur wenige Male gesehen hatte.

„Man sollte nicht mit allen Pferden züchten", fuhr Dan fort. „Biba ist so ein gutes Pferd, weil wir nur mit den allerbesten Pferden gezüchtet haben."

„Dan", wandte Johanna ein, „Biba ist doch ganz ungeplant entstanden. Ihre Mutter stieß zu den Wildpferden, nicht wahr?"

„Nun ja, junge Freundin, es kommt darauf an, wie man es sehen will. Wir haben immer darum gebeten, sehr gute Pferde zu haben. Manchmal beantwortet der Große Geist unsere Gebete auf unerwartete Art und Weise. Ich glaube, daß er damals Nesha zu El Moro geführt hat, damit wir ein so prächtiges Pferd wie Biba bekommen."

Johanna unterhielt sich gern mit dem alten Mann. Anfangs war ihr seine Sichtweise sehr fremd gewesen. Nun konnte sie ihn besser verstehen, auch wenn seine Vorstellungen sie immer wieder überraschten. „Wahrscheinlich hast du recht, Dan", sagte sie. „Auf alle Fälle ist Biba ein wunderbares Pferd, das ist sicher."

Dan nickte zufrieden, er kramte umständlich in seiner Hosentasche. Schließlich förderte er ein Päckchen Zigaretten zutage und begann zu rauchen. „Mittelmäßige oder gar schlechte Pferde bekommen nur selten wirklich gute Nachkommen. Es gibt schon zu viele von ihnen. Manche Leute machen sich darüber kaum Gedanken. Sie haben irgendeine Stute und möchten gern ein Fohlen. Wenn der Nachbar einen Hengst hat, nehmen sie eben den, weil der in der Nähe ist.“ Der alte Indianer hustete heftig. Sein magerer Körper wurde von Hustenanfällen geschüttelt.

Johanna sah den alten Mann besorgt an. „Dan“, begann sie vorsichtig, „ich finde, du solltest wirklich nicht mehr rauchen. Du bist schon alt, und dein Husten ist im Winter viel schlimmer geworden.“

Dan winkte unbekümmert ab. „Das Rauchen schadet mir nicht“, sagte er. „Ich werde gehen, wenn meine Zeit gekommen ist, kleine Freundin. Es wird ein schöner Tag sein!“ Seine Augen blickten in die Ferne. „Ich fürchte mich nicht vor diesem Tag. Ich werde nur meinen alten Körper abstreifen, wie eine Schlange ihre Haut.“

„Dan“, sagte Johanna unglücklich, „ich werde aber sehr traurig sein. Laß uns von etwas anderem reden. Ich möchte, daß du noch sehr lange lebst.“

„Kleine Freundin“, sagte Dan leise, „du sollst nicht traurig sein. Viele Menschen fürchten und hassen den Tod. Mir ist er ein Freund. Er wird den kleinen Wind schicken, und es wird ein frohes Wiedersehen werden. Er wird meine Seele befreien und mich auf meiner Reise begleiten.“

„Wohin wirst du gehen?“

Ein Lächeln huschte über das Gesicht des alten Indianers. Er hob die Hand und deutete zum Horizont. „Dem Morgenstern entgegen“, sagte er vage. Dann begann er zu lachen. „Sei nicht so ernst, junge Freundin. Noch bin ich hier und rauche und huste und freue mich des Lebens. Biba soll ein Fohlen haben. Es wäre schade, mit einem so guten Pferd nicht zu züchten. Im übrigen solltest du auf deinen Ausritten die Augen offenhalten und nicht nur vor dich hinträumen.“

„Wie meinst du das?“ wollte Johanna wissen.

„Es könnte sein, daß du etwas Wichtiges übersiehst, wenn du nicht wach bist!“ Er bemerkte Johannas fragenden Gesichtsausdruck. „Mehr verrate ich nicht“, sagte er und grinste breit. Er trieb Rose in einen leichten Galopp. Die alte Scheckstute machte einen übermütigen Satz und schnaubte zufrieden.

„Sie spürt wohl, daß es Frühling wird“, lachte Johanna und ließ Biba auch angaloppieren. Sie genoß den weichen Galopp ihrer Stute. Für einen Augenblick schloß sie die Augen, um die Bewegungen des Pferdes besser spüren zu können. Die schwarze Stute war ganz auf ihre Reiterin und das Gelände konzentriert. Johanna wußte, daß Biba bereit war, auf das kleinste Zeichen hin schneller zu werden oder anzuhalten. Der Wind spielte mit der seidigen Mähne der Stute.

Johanna sah, daß Rose müde wurde und zurückblieb. Sie zupfte an den durchhängenden Zügeln, und

Biba fiel sofort in einen langsamen Trab. Johanna lobte ihre Stute und strich ihr stolz über den Hals. „Du solltest wirklich ein Fohlen haben", sagte sie. „Es wird sicher ein ebenso schönes Pferd wie du werden!"

Bibas Ohren spielten aufmerksam, sie prustete zufrieden.

Dan ritt fast bis zu Johnsons Farm mit. „Suche einen Hengst aus, der wirklich zu Biba paßt", mahnte er zum Abschied.

„Zuerst muß ich mit meinen Eltern reden", meinte Johanna.

„Wie ich sie kenne, werden sie nichts dagegen haben!" meinte Dan.

„Fragen muß ich sie trotzdem. Papa steht gerade in Verhandlungen mit der Hochschule, um seinen Vertrag zu verlängern."

Dan zwinkerte Johanna zu. „So bald gehst du nicht nach Deutschland zurück, das weiß ich."

„Es wäre ziemlich umständlich, ein Pferd, einen Hund und einen Wolf im Flugzeug mitzunehmen", gab Johanna zu.

Dan winkte und verschwand lautlos in der Abenddämmerung. Johanna sattelte ab, rieb Biba ab und kratzte ihre Hufe aus. Sie stand noch eine Weile am Zaun, nachdem sie ihre Stute auf die Weide gebracht hatte. Zielstrebig ging Biba auf die matschigste Stelle der Weide zu. Mit wohligem Schnauben ließ sie sich in den roten Schlamm sinken und wälzte sich genüßlich. „Oft bezweifle ich, ob deine Abstammung ganz so edel ist, wie Dan meint. Mit Sicherheit hat sich ein Nilpferd oder ein Schweinchen in deine feine Familie eingeschlichen!" rief Johanna ihrem Pferd zu. Biba schien das nicht im geringsten zu stören. Sie stand zufrieden auf und schüttelte sich. Von einer roten Schlammschicht bedeckt, begann sie gemächlich zu grasen.

Der unheimliche Ritt

Musik klang aus dem Küchenfenster, als Johanna ihr Fahrrad vor der Haustür abstellte. Köstlicher Essensgeruch stieg dem Mädchen in die Nase. Neugierig schaute sie in die Küche. „Es riecht ja, als gäbe es heute ein Festessen, Mama!"

„Stimmt", antwortete ihre Mutter und lachte.

In diesem Moment hörte Johanna einen Sektkorken knallen. „Was ist denn hier los?" fragte sie, als sie ins Wohnzimmer trat.

Ben saß mit ihrem Bruder Florian auf dem Boden und spielte Schach. Friedel und Bens Wolf Kudjo kamen auf Johanna zugerannt und begrüßten sie stürmisch. Ben war aufgestanden. „Na, Kudjo, darf ich sie nun auch begrüßen?“ fragte er und schob den Wolf sanft zur Seite. Er nahm Johanna zärtlich in die Arme.

„Rate, was wir heute feiern?“ rief Florian.

Johanna tat so, als dächte sie angestrengt nach. Ihr Vater hatte die Sektgläser eingeschenkt und sah sie abwartend an. „Auf deinen neuen Vertrag, nicht wahr, Papa?“ rief Johanna plötzlich.

Alle lachten, und der Vater gab ihr ein Glas. „Laßt uns auf vier weitere Jahre in Paseo anstoßen!“

„Und auf Bibas Fohlen“, fügte Johanna schnell hinzu.

Ihr Vater war guter Laune. „Worauf du möchtest, mein Herz“, rief er, und die Gläser klirrten.

„Nun hast du schon ja gesagt“, erklärte Johanna nach dem ersten Schluck.

„Wozu habe ich ja gesagt?“

„Na, zu Bibas Fohlen, Papa! Darauf haben wir doch gerade angestoßen!“

Vater Küffner lachte und fuhr sich durch die dichten Haare. „Du versuchst doch hoffentlich nicht wieder einmal, deinen alten Vater in einer günstigen Minute zu überlisten?“

„Doch, Papa“, sagte Johanna fröhlich.

„Erzähl uns erst einmal, worum es geht“, schlug Johannas Mutter vor.

Johanna berichtete von Jills Idee, beide Stuten

decken zu lassen.

„Wie man ein Fohlen aufzieht, weißt du inzwischen“, sagte der Vater. „Nur kostet das Ganze ja auch Geld. Soweit ich weiß, ist es ziemlich teuer, eine Stute zu einem guten Hengst zu bringen.“

„Das wissen wir aber noch nicht genau“, sagte Johanna ausweichend.

„Du solltest die Deckgebühr selbst verdienen, wenn du möchtest, daß Biba ein Fohlen bekommt“, sagte die Mutter.

„Natürlich werde ich das tun“, erwiderte Johanna schnell. Dann überlegte sie einen Moment. „Ich könnte abends als Kellnerin arbeiten. Allerdings werde ich nicht genug Zeit haben, alles zu verdienen, bis Biba zum Hengst soll.“

„Ich mache dir einen Vorschlag“, sagte der Vater. „Wir werden dir das Geld bis zum Sommer leihen. Es muß nicht sein, daß du während der Schulzeit arbeiten gehst, schon gar nicht abends und als Kellnerin. Du mußt uns aber versprechen, in den Sommerferien zu arbeiten, bis du uns alles zurückbezahlt hast. Oder das meiste“, fügte er augenzwinkernd hinzu.

„Vielen Dank“, sagte Johanna und strahlte. „Danke! Ich verspreche hiermit unter Zeugen, daß ihr jeden Pfennig zurückbekommt.“

„Du weißt ja, daß es eine große Verantwortung ist,

ein Fohlen zu haben. Was hast du mit ihm vor? Willst du es behalten?" fragte der Vater.

„Ja, ich möchte es behalten", erwiderte Johanna. „Nächstes Jahr bin ich mit der Schule fertig. Ich weiß, daß ein zweites Pferd auch Unterhalt kostet. Falls ich auf ein College gehe, das weiter entfernt ist, könnte ich Biba und das Fohlen mitnehmen. Es gibt ein paar gute Möglichkeiten zur Unterbringung, von denen ich gehört habe."

„Immerhin hast du dir darüber Gedanken gemacht", sagte der Vater anerkennend.

„Wie hoch ist die Deckgebühr?" fragte Florian neugierig.

„Ich weiß es noch nicht genau", sagte Johanna. „Es kommt darauf an, was für einen Hengst ich für Biba aussuche."

„Unsere Nachbarn züchten Pferde", sagte Ben. „Bei ihnen kostet das Decken zwischen dreihundert und tausend Dollar, je nachdem, wie gut oder bekannt der Hengst ist."

„Überleg es dir noch einmal in Ruhe", sagte die Mutter. „Unter Umständen bedeutet es, daß du die ganzen Sommerferien arbeiten mußt."

„Ich weiß", nickte Johanna. „Das macht nichts. Biba soll ein Fohlen haben. Wenn ich das Geld für die Deckgebühr selbst verdiene, wird das Fohlen auch wirklich mir gehören."

„Jetzt trinken wir noch einmal", schlug der Vater vor. „Auf Biba und ihr Fohlen!"

Johanna winkte Jill zu, als sie in den Hof von Johnsons Farm fuhr. Aufgeregt lief sie in den Garten. „Meine Eltern erlauben es, wenn ich die Decktaxe selbst verdiene", rief sie. „Bis zu den Sommerferien leihen sie mir das Geld!"

„Das ist ein faires Angebot", sagte Jill. „Ich freue mich sehr, daß du Biba decken lassen willst. Stell dir nur vor, nächstes Jahr im Frühling werden wir zwei Fohlen haben!"

„Können wir die Deckanzeigen zusammen anschauen?" fragte Johanna.

„Komm ins Haus", sagte Jill. „Ich koche uns Tee, und wir machen es uns mit den Zeitschriften gemütlich."

Bald saßen Johanna und Jill am Küchentisch der Johnsons. Vor ihnen lagen ein Stapel Fotos und die Beschreibungen der Hengste.

„Es steht oft so wenig dabei", meinte Johanna unzufrieden. „Auf den Fotos sehen die meisten ja sehr schön aus, aber man erfährt nichts über ihre Leistungen und den Charakter. Dabei ist der doch das Wichtigste!"

„Da hast du allerdings recht. Erwähnt werden hier höchstens die Plazierungen bei Zuchtschauen. Bei manchen Tieren steht nicht einmal die Blutlinie oder die Abstammung dabei."

„Das Beste wäre, wir könnten uns ein paar Hengste selbst anschauen", sagte Johanna nachdenklich und blätterte um. Ihr Blick fiel auf ein großes Farbfoto. Es zeigte den Kopf eines Rapphengstes. Seine Augen waren ausdrucksvoll und standen weit auseinander. „Der würde vielleicht zu Biba passen", murmelte sie.

„Wo steht er denn?" wollte Jill wissen.

„In Kalifornien", stellte Johanna enttäuscht fest. „Tausend Meilen ist einfach zu weit entfernt von uns!"

„Sag mir Bescheid, wenn du einen schönen Quarter-Horse-Hengst siehst", sagte Jill und griff nach einem neuen Katalog. „Goldies Fohlen soll Papiere haben, also muß ihr Vater dieselbe Rasse haben wie sie."

„Biba hat keine Papiere, weil sie zur Hälfte Wildpferd ist. Was für eine Rasse würde wohl am besten zu ihr passen?" Johanna sah Jill an.

„Sie hat mit Sicherheit eine Menge arabisches Blut", meinte Jill.

Johanna nickte. „Von El Moros Seite her sind sicher auch spanische und andalusische Pferde unter ihren Vorfahren!"

„Hier ist eine Anzeige von einem Züchter in Los Miros!"

„Das ist nicht allzuweit entfernt!"

„Höchstens zwei Stunden zu fahren", meinte Jill. „Sieh dir einmal die Fotos an!"

Die Bilder zeigten vier arabische Hengste. „Sie sehen nicht schlecht aus", sagte Johanna. „Ich habe noch eine Anzeige gefunden. Der Züchter ist auch in der Nähe von Los Miros und hat Araber und Quarter Horses."

„Am besten wird es sein, wenn wir uns die Hengste ansehen!" sagte Jill.

„Nächstes Wochenende hätte ich Zeit", meinte Johanna. „Und du?"

Jill griff nach dem Telefonhörer. Sie rief bei beiden Züchtern an und meldete sich und Johanna für den kommenden Samstag an.

Johanna hatte inzwischen eine Karte herausgesucht. „Es gibt dort einen Stausee", sagte sie jetzt. „Vielleicht möchten Max und Ben mitkommen. Wir könnten am See picknicken und vielleicht sogar schon schwimmen."

„Zum Schwimmen ist es mir sicher noch zu kalt, aber ein Picknick ist eine gute Idee", meinte Jill.

Nach einer Weile ging Johanna zu Biba hinunter. Die schwarze Stute wieherte und kam zum Gatter getrabt.

„Komm, wir reiten zu Ben hinüber und fragen ihn, ob er Lust hat, am Samstag mitzufahren“, sagte Johanna.

Biba schnaubte; sie senkte den Kopf, damit Johanna ihr das Halfter anlegen konnte. Sie putzte ihre Stute sorgfältig, prüfte die Sattel- und Gurtenlage genau, um sicher zu sein, daß kein Sand in Bibas Fell war. „Du sollst keine Druckstellen bekommen“, sagte sie fürsorglich.

Johanna wußte genau, wie schnell Satteldruck entstehen konnte, wenn man beim Putzen unachtsam war. Sie kratzte die Hufe aus und holte dann den Sattel. Die Hände des Mädchens fuhren langsam über die Unterseite der Satteldecke. Nur zu leicht konnten sich dort Holzsplitter aus dem Sattelbock verbergen. Eine Freundin hatte Johanna einmal erzählt, daß sie ein scharfes, kleines Eisenstück in ihrer Sattelunterlage gefunden hatte. Seitdem prüfte Johanna vor dem Aufsatteln zuerst immer die Satteldecke. Sie hatte sich diesen Handgriff zur Gewohnheit gemacht, denn das Wohlergehen ihrer Stute war das Wichtigste.

Johanna wurde es nie müde, neue Dinge zu lernen, die sie beim Umgang mit Pferden wissen wollte. Ihre indianischen Freunde hatten ihr eine andere Einstellung zu Pferden vermittelt als die, die sie aus dem Reitstall bei München kannte, in dem sie reiten gelernt hatte. Johanna war erstaunt zu sehen, mit welcher

Achtung und mit wieviel Respekt der Indianer Harvey mit Pferden umging. Er behandelte sie als gleichwertige Lebewesen, nicht wie ein Sportgerät, das dazu dient, am Wochenende auf Turnieren Schleifen zu gewinnen.

Johanna hatte sich die liebevolle Einstellung ihres Onkels Harvey und Dan Lachenden Waschbärs zu eigen gemacht. Dies zeigte sich in jedem Handgriff, den Johanna für Biba tat. Die schwarze Stute dankte es dem Mädchen mit Vertrauen und Anhänglichkeit. Johanna wußte, daß sie sich vollkommen auf ihr Pferd verlassen konnte und daß die Stute bereit war, jederzeit ihr Bestes für sie zu geben.

Jetzt stieg sie auf und lenkte Biba in die Weite der Mesa. Die Stute prustete zufrieden. Ihre Ohren spielten aufmerksam. Auf Johannas Zeichen fiel sie in einen leichten Galopp. Johanna stand in den Bügeln und lehnte sich nach vorn, um Biba den Rücken frei zu geben. Sie ritt nach Osten, wo Bens Eltern ein Haus außerhalb von Paseo besaßen.

Kudjo saß in der Einfahrt und wartete auf Johanna. Der Wolf schien es immer zu spüren, wenn Johanna zu Besuch kam. Etwa eine halbe Stunde vor ihrer Ankunft stand er von seinem Lieblingsplatz auf. Er trottete zur Einfahrt und saß dort unbeweglich, bis sie angekommen war.

Das Mädchen sprang aus dem Sattel und begrüßte Kudjo. Sie nahm seinen großen Kopf in die Arme und streichelte ihn. „Kudjo, mein Guter, woher weißt du nur immer, wann ich komme?“ Sie nahm die riesige Pfote, die der Wolf ihr anbot und lächelte.

Biba hatte ihre Scheu vor Kudjo verloren. Anfangs hatte sie sich nicht in die Nähe des Wolfes gewagt. Ein mächtiger Coyote hatte die schwarze Stute einmal angefallen und schwer verletzt. Auch Johanna war der durchdringende Blick der gelben Augen des Wolfes anfangs nicht geheuer gewesen. Inzwischen wußte sie, daß Kudjo sanft und gutmütig war. Fremden gegenüber verhielt er sich allerdings immer zurückhaltend. „Im Notfall würdest du mich bestimmt verteidigen“, sagte Johanna und zauste Kudjos wollige Ohren. Der Wolf sah Johanna an und zog den hinteren Teil seiner Lefzen hoch, so daß es aussah, als ob er lachte.

Ben hatte Johanna von seinem Zimmer aus gesehen und kam ihr entgegen. Er küßte sie und nahm ihre Hände. „Schön, daß du hier bist. Ich hatte nicht damit gerechnet, daß du heute noch kommen würdest!“

Johanna lehnte den Kopf an Bens Schulter. Dann gingen sie zum Haus. Johanna sattelte Biba ab und ließ sie in den Garten. Biba wälzte sich genüßlich und

3 4133-8

begann im Schatten eines Baumwollbaumes zu grasen. Langsam gingen Johanna und Ben ins Haus.

Das Mädchen ließ sich auf Bens Bett fallen. Ben holte zwei Gläser kalten Tee und setzte sich neben sie. Sie nahm seine Hand und zog ihn an sich. „Ich habe dich vermißt“, sagte sie leise. Ben strich ihr zärtlich über die Wangen und küßte sie.

Endlich erzählte Johanna ihm von dem geplanten Ausflug am Wochenende. „Hast du Lust, mitzukommen?“ fragte sie.

Ben nickte. „Sicher, ich möchte auch sehen, wen du als zukünftigen Bräutigam für Biba aussuchst.“

„Ich hoffe, daß einer der Hengste dort wirklich gut ist“, sagte Johanna. „Es kann aber auch sein, daß wir umsonst hinfahren.“

„Bestimmt nicht ganz umsonst“, meinte Ben. „Auf alle Fälle werden wir ein Picknick am See machen und einen schönen Tag miteinander verbringen.“

„Da hast du auch wieder recht“, erwiderte Johanna. Sie schaute auf ihre Uhr. „Meine Güte, es ist schon sieben!“ rief sie. „Ich weiß nie, wo die Zeit bleibt, wenn wir zusammen sind. Ich muß mich beeilen, damit ich vor dem Dunkelwerden zu Hause bin!“

Auf dem Flur begegneten sie Bens Mutter. Sie war eine mollige dunkelhaarige Frau mit einem offenen Lachen. „Mußt du wirklich schon gehen?“ fragte sie.

„Bleib doch noch zum Abendessen!“
„Es wird dunkel“, sagte Johanna zögernd.
„Heute ist Vollmond. Bis wir mit dem Essen fertig sind, ist er sicher aufgegangen, und dann wird es sehr hell sein.“
„Ich habe eine Idee“, sagte Ben. „Wie wäre es, wenn ich mir ein Pferd von den Nachbarn leihen würde? Dann könnten wir abwarten, bis der Mond aufgegangen ist, und ich würde dich nach Hause begleiten. Bis zu den Johnsons ist es nicht sehr weit!“
„Klingt gut“, sagte Johanna. „Ich wollte schon immer einmal einen Mondscheinritt machen. Darf ich schnell meine Eltern anrufen und ihnen Bescheid sagen? Sie machen sich Sorgen, wenn ich nicht bei Einbruch der Dunkelheit zu Hause bin. Papa fürchtet oft, ich sei vom Pferd gefallen und läge hilflos irgendwo in der Mesa.“
„Ich würde mir an seiner Stelle auch Sorgen machen“, sagte Bens Mutter. Sie deutete zum Telefon. „Ruf ruhig an und sag ihnen Bescheid. Bitte grüße deine Eltern von mir!“
Nach dem Essen ging Ben zu den Nachbarn, um ein Pferd zu holen. Nach einer Weile kam er mit Pinia, einer ruhigen Grauschimmelstute, zurück. Johanna sattelte Biba und verabschiedete sich von Bens Eltern. Kudjo lief aufgeregt im Kreis und wedelte mit dem

buschigen Schwanz. „Er freut sich, weil er mitkommen darf", meinte Bens Mutter. „Kommt gut nach Hause", rief sie und winkte den beiden nach.

Als sie die Mesa erreicht hatten, ging über den roten Bergen der Mond auf. Johanna hielt Biba an. Zuerst war nur ein silberner Schimmer zu sehen. Bald aber schob sich der große, runde Vollmond über eine Bergkuppe. Er stand hell am Nachthimmel, und sein mildes Licht verzauberte die karge Landschaft. Die Salbeibüsche der Mesa warfen lange Schatten, und der Sand glitzerte hell. Die ersten Sterne funkelten am Himmel. „Es war eine gute Idee, einen Nachtritt zu machen", sagte Ben und lächelte.

„Ich bin froh, daß du mich begleitest", meinte Johanna. „Allein wär's mir sicher unheimlich. Dan hat mir so viele Spukgeschichten erzählt. Er sagt, ich sollte mich nachts in acht nehmen, weil es Hexen gibt, die sich in wilde Tiere verwandeln können."

Ben lachte. „Du glaubst aber auch alles, was dir ein alter Indianer erzählt, stimmt's?"

Johanna schwieg. „Ich weiß nicht", sagte sie ausweichend. „Auf alle Fälle kann ich es nicht leiden, wenn du dich über Dan lustig machst."

„Meine Güte, Johanna, nimm doch nicht alles so ernst! Du bist immer gleich beleidigt, wenn man daran zu zweifeln wagt, daß deine Indianer nichts als die reine Wahrheit verbreiten. Die wissen auch nicht alles!"

„Nun wirst du auch noch unverschämt!" rief Johanna aufgebracht. „Es hätte so ein romantischer Ritt werden können, aber nun hast du alles verdorben. Du kannst gleich wieder umkehren. Ich reite lieber allein nach Hause."

Damit duckte sie sich tief in Bibas Mähne. Wie ein Pfeil schnellte die schwarze Stute davon. „He!" rief Ben und galoppierte die Grauschimmelstute an. „Warte doch!"

Bens Stute konnte Biba nicht mehr einholen. Die Rappstute raste im Renngalopp durch die mondhelle Nacht. Der Wind trieb Johanna Tränen in die Augen. Sie vergrub ihr Gesicht in Bibas Mähne und weinte. Vergessen waren Dans Spukgeschichten, Bibas Galoppsprünge wurden immer länger. Ihre Hufe schienen den Boden kaum mehr zu berühren.

Mit keinem anderen Pferd hätte Johanna es gewagt, nachts so schnell zu reiten. Biba aber war als Wildpferd in den unwegsamen Bergen aufgewachsen. Sie konnte über Geröllhalden traben, ohne zu stolpern. Sogar nachts konnte sie Steilhänge hinauf- und hinunterklettern und sich in jedem Gelände zurechtfinden. Am Rande der Mesa verlangsamte Biba ihr Tempo. Johanna wischte sich die Tränen aus dem Gesicht.

Es tat ihr schon leid, so wütend davongeritten zu

sein, als sie Biba absattelte. Die schwarze Stute war naßgeschwitzt. Johanna rieb sie mit einem Tuch ab. Sie führte Biba im Hof herum, bis sie trocken war. Der Frühlingswind war kühl und ließ Johanna frösteln.

Schließlich brachte sie Biba auf die Weide. Eine große, dunkle Wolke verhüllte den Mond, der Wind kam plötzlich auf und schüttelte die Bäume. Ein morscher Ast ächzte im Wind und fiel mit lautem Krachen zu Boden. Die Pferde wieherten erschreckt. Aus der Ferne klang das langgezogene, klagende Heulen eines Coyoten.

Johanna erschauerte. Sie rannte zum Hof zurück und holte ihr Fahrrad. Den ganzen Rückweg über hatte sie mit starkem Gegenwind zu kämpfen. „Sie treiben in der Dunkelheit ihr Unwesen“, hatte Dan gesagt. „Der Wind kündigt sie an. Sie können die Gestalt von Coyoten annehmen, und selbst der Mond verhüllt sein Angesicht bei ihrem Anblick. Die Bäume klagen und die Sterne verdunkeln am Himmel. In solchen Nächten bleib im Haus und schließe die Fensterläden. Es ist gefährlich, allein draußen zu sein.“

Johanna zuckte zusammen. Ein großer, dunkler Schatten huschte lautlos nur ein paar Meter vor ihr über die Straße. Johannas Herz klopfte wie wild. Sie trat noch fester in die Pedale. Endlich kam sie zu Hause an.

Erleichtert schloß sie die Haustür hinter sich. Der Wind rüttelte daran, als wolle er nicht draußen bleiben. Johanna schob den Riegel vor. Atemlos lehnte sie sich an die Wand. Dann ging sie leise in ihr Zimmer und zündete eine Kerze an.

Johanna sah auf die Uhr. Es war zu spät, um Ben noch anzurufen. Sie ließ sich erschöpft aufs Bett fallen und schlief in ihren Kleidern ein.

Die Fahrt zu den Hengsten

Das Telefon klingelte zum drittenmal. Endlich nahm jemand den Hörer ab, und Johanna hörte Bens Stimme. „Ben“, sagte sie leise, „es tut mir leid!“

„Mir auch“, sagte Ben. „Es hätte so ein schöner Ritt werden können. Warum bist du losgerast, als wäre der Teufel persönlich hinter dir her?“

„Ich war wütend, weil du dich über mich lustig gemacht hast!“ sagte Johanna.

„Nimm doch nicht immer alles so tragisch“, sagte Ben sanft. „Dan hat mehr Humor als die meisten Menschen, die ich kenne. Er nimmt selbst nicht alles, was er sagt, für bare Münze. Mich stört es, daß du ihm alles, was er sagt, aufs Wort glaubst. Ich finde, du könntest ein bißchen kritischer sein!“

„Vielleicht hast du recht“, gab Johanna zu. „Es tut mir leid, daß ich dich einfach so habe stehenlassen. Ich weiß, daß ich oft zu empfindlich bin!“

„Ich habe mir Sorgen um dich gemacht“, sagte Ben. „Du weißt ja, daß ich selbst nicht an den ganzen Zauber glaube, aber auf dem Weg nach Hause wurde es sogar mir unheimlich. Plötzlich kam ein seltsamer Wind auf. Kudjo begann zu knurren und sträubte alle Rückenhaare. Selbst Pinia, die sonst durch nichts aus der Ruhe zu bringen ist, wieherte schrill und begann zu tänzeln. Ich war froh, als ich wieder zu Hause war.“

„O Ben, mir ging es genauso“, sagte Johanna. „Es mag ja sein, daß alles nur Einbildung war, aber ich habe wirklich Angst gehabt. Es war unheimlich draußen!“

„Nun ist es ja vorbei“, stellte Ben fest. „Ich hoffe, daß wir ein schönes Wochenende miteinander haben werden. Lauf bitte nicht mehr im Zorn davon, Johanna. Es wäre besser gewesen, wenn wir gleich in Ruhe darüber geredet hätten.“

„Ich bin froh, daß du mir nicht mehr böse bist“, sagte Johanna. „Nächstesmal werde ich dableiben und mich nicht einfach aus dem Staub machen.“

„Abgemacht“, sagte Ben. „Wann soll ich dich morgen abholen?“

„Um acht“, schlug Johanna vor. „Ich bin schon gespannt, welcher Hengst mir am besten gefallen wird.“

Die Fahrt nach Los Miros dauerte länger, als Johanna angenommen hatte. Die Straße führte in Kurven in die Berge hinauf. Jill und Johanna waren beide aufgeregt. „Zuerst gehen wir zu Mr. Therton“, sagte Jill. „Er hat vier Araberhengste. Am Telefon war er zwar nicht sehr freundlich, aber vielleicht hatte er nur gerade schlechte Laune.“

Schließlich kamen sie an die Einfahrt zu Mr. Thertons Ranch. Das hochgelegene Anwesen war von schlanken Pinien umgeben. Die Koppelzäune waren weiß gestrichen, und eine Stutenherde graste friedlich bei einem kleinen Fluß. Mr. Therton war leider wirklich nicht sehr freundlich. Er begrüßte die Johnsons und Johanna und Ben knapp. „Ich habe nicht viel Zeit“, erklärte er. „Aber wenn Sie wollen, können Sie einen Blick auf meine Hengste werfen.“

„Deswegen sind wir hergekommen“, sagte Jill.

Therton ging wortlos voraus. Er holte die Führkette und öffnete die verriegelte Stalltür. Der edle Kopf eines Schimmelhengstes erschien in der Tür. Mr. Therton zog dem Hengst ein Halfter an und schnallte die Führkette ein. Kaum hatte er die Tür einen Spaltbreit geöffnet, schoß der Hengst augenrollend heraus.

Therton riß grob an der Kette und brachte den Hengst zum Stehen. Das Tier stampfte nervös mit den Hufen und sah sich unruhig um. Eine Tür fiel mit dumpfem Knall ins Schloß. Der Hengst zuckte zusammen und sprang blitzschnell in die Luft. Seine Vorderhufe schlugen gefährlich nahe an Mr. Thertons Kopf vorbei. Der Mann fluchte und zog den Hengst wieder hinunter. „Er ist enttäuscht, weil keine Stute da ist", erklärte Therton. „Normalerweise kommt er nur zum Decken nach draußen."

„Sie lassen ihn nicht mit den Stuten laufen?" fragte Johanna.

„Was denken Sie denn? Er ist ein wertvoller Hengst und könnte sich leicht verletzen!"

„Darf er denn nicht zumindest einmal am Tag auf die Koppel?" wollte Jill wissen.

Therton schüttelte den Kopf. „Sie verstehen wohl nichts von Hengsthaltung", brummte er. Damit brachte er den Schimmel wieder in die Box. Er ging weiter und holte einen anderen Hengst. Der große Fuchs war ebenso nervös wie der Schimmel. Er trat unruhig hin und her und riß an der Führkette. Johanna ging auf ihn zu, um ihm beruhigend auf den Hals zu klopfen. Blitzschnell flog der feine Kopf herum, die Zähne des Hengstes schnappten mit lautem Klappen zu. Johanna trat betroffen zurück. „Meine Hengste sind keine Kinderpferde", sagte Mr. Therton spöttisch.

„Haben Sie keinen Hengst, der ein wenig ruhiger ist?" fragte Ben vorsichtig.

„Ruhiger?" wiederholte Therton abfällig. „Dies sind hoch im Blut stehende Pferde, keine Ackergäule. Araber müssen Nerv und Temperament haben."

„Wie beurteilen Sie ihre Hengste denn charakterlich?" fragte Max.

Mr. Therton zuckte die Schultern. „Es sind, wie gesagt, Araber. Pferde dieser Art sind eben nicht für jedermann."

Auch die beiden anderen Hengste machten keinen guten Eindruck. Schließlich verabschiedeten sich Johanna, Ben und die Johnsons. „Da sieht man, wie wenig man sich auf die Deckanzeigen verlassen kann. Die Hengste waren zwar schön und gut gebaut, aber ich möchte kein Fohlen für Biba von einem so nervösen Hengst."

„Du hast recht", sagte Jill. „Bestimmt wären die Hengste ruhiger, wenn sie nicht dauernd nur im Stall wären. Es ist nicht leicht zu sagen, was von der Haltung herrührt und was vom Charakter. Auf alle Fälle war Mr. Therton nicht auf unserer Wellenlänge. Wahrscheinlich behandelt er die Tiere auch nicht gut."

„Es stimmt doch auch nicht, daß alle Araber so

nervös sein sollen?“ fragte Ben.

„Natürlich nicht“, antwortete Jill. „Leider wird oft zuviel Wert auf das Äußere gelegt und zuwenig auf den Charakter und die Reiteigenschaften eines Hengstes. In Arabien hätte niemand mit einem Pferd gezüchtet, das weiter nichts kann, als mit den Augen zu rollen und schön auszusehen. Die Tiere tun mir leid!“

„Ich meine, es ist Zeit für unser Picknick“, schlug Max vor. „Ich muß mich erst einmal von Mr. Therton erholen, ehe ich mir andere Pferde anschaue.“

Der Stausee lag im strahlenden Sonnenschein vor ihnen. Max parkte den Wagen, und alle stiegen aus. Ben nahm den Picknickkorb, und Kudjo war froh, endlich nach draußen zu dürfen. Ein schmaler Pfad führte zum See hinunter. Kudjo rannte in großen Sprüngen auf das Wasser zu. Mit lautem Klatschen landete er im See. „Er sieht aus, als ob er lacht“, meinte Johanna.

„Kudjo liebt Wasser über alles“, sagte Ben. „Er muß in einem seiner früheren Leben eine Wasserratte gewesen sein!“

Bald hatten sie eine Decke ausgebreitet und alles zum Essen vorbereitet. Johanna kam vom See zurück. „Du hattest recht, Jill, es ist auch für mich noch zu kalt zum Schwimmen.“

Sie waren gerade mit dem Essen fertig, als Kudjos

langgezogenes Heulen sie zusammenzucken ließ. Ben sprang auf. Kudjo stand am anderen Ende der kleinen Bucht. „Ich gehe nachsehen, was er gefunden hat", erklärte Ben.

„Warte, ich komme mit!" rief Johanna.

Der große Wolf stand vor einer lehmigen Stelle, an der deutlich Spuren eines Hundes zu erkennen waren. Kudjos Nackenhaare standen steil empor, er stieß ein dumpfes, drohendes Knurren aus. Ben starrte auf die Spuren. „Kudjo hat sonst gar nichts gegen Hunde", murmelte er.

„Vielleicht war es ein Coyote!" überlegte Johanna. Sie war nachdenklich geworden. Ein Schauer überlief sie, und sie bekam eine Gänsehaut. Ben sah sie vorwurfsvoll von der Seite an. „Du denkst doch nicht schon wieder an Dans Geschichten von Werwölfen?"

Ehe Johanna antworten konnte, sprang Kudjo mit einem wilden Knurren davon. Er raste in die nächsten Büsche. Die Zweige knackten unter dem Gewicht seines Körpers. Dann zerriß ein markerschüttender Schrei die Stille.

Ben sah Johanna erschrocken an. „Was war das?" flüsterte er erschrocken.

Johanna zitterte. „Es klang nicht wie ein Coyote", brachte sie mühsam hervor.

„Kudjo, Kudjo! Komm zurück!" rief Ben und ging

in die Richtung, in die der Wolf davongestürmt war. Sekunden später ertönte das Heulen Kudjos. Der Wolf tauchte im Unterholz auf. Er hatte einen Fetzen Fell im Maul. Als er Ben sah, blieb er stehen. Seine gelben Augen funkelten. Kudjo zerriß das Stück Fell, bis nur noch ein paar Haare übrig waren. Ben beugte sich hinunter, um sie genauer zu betrachten. Da sprang lautlos eine Windbö auf und fegte die Haare davon. Kudjo rieb seine Schnauze am Boden, als wolle er einen unangenehmen Geruch loswerden. Ben strich seinem Wolf nachdenklich über den Rücken. „Ich hätte schwören können, daß der Schrei von einem Menschen kam“, meinte er. „Es muß aber doch irgendein Tier gewesen sein. Ich verstehe das nicht. Manchmal läuft Kudjo einem Hasen nach. Noch nie aber hat er einen Hund angefallen oder einem Coyoten nachgestellt.“

„Ich habe niemals einen so wilden Ausdruck in seinen Augen gesehen“, sagte Johanna betroffen. „Auch wenn du es albern findest, will ich Dan von dem Vorfall erzählen. Vielleicht weiß er eine Erklärung.“

„Wie du willst“, sagte Ben. „Es ist bestimmt ganz interessant, seine Meinung zu hören. Jetzt gehen wir aber lieber zurück zu den anderen. Wir suchen noch immer einen Hengst für Biba.“

*

Mrs. Reyna begrüßte sie freundlich. Johanna sah der schlanken Frau an, daß sie viel Zeit im Freien verbrachte. Ihr Gesicht war braungebrannt, und sie hatte Lachfältchen um Mund und Augen. Johanna und Jill mochten sie sofort. „Kommen Sie, ich zeige Ihnen zuerst Kaluggi, unseren Champion", sagte sie ruhig.

Sie gingen zu einer großen Weide, auf der mehrere Pferde grasten. Mrs. Reyna rief den Namen des Hengstes. Freudiges Wiehern antwortete ihr. Aus der Herde löste sich ein wunderschöner, gescheckter Hengst und kam zum Zaun getrabt. Seine dunklen Augen blickten sanft und aufmerksam, die dichte Mähne fiel in seidigen Wellen über den hochgewölbten Hals. Mrs. Reyna strich ihm liebevoll über die Nüstern. „Er ist schon zweimal Landessieger der Quarter Horses geworden", sagte sie stolz. „Kaluggi heißt Schmetterling in der Navahosprache. Bei manchen Vorführungen reitet ihn unsere zehnjährige Tochter. So feurig er auch sein kann, zu ihr ist er immer sanft und leicht wie ein Schmetterling."

„Es ist schön, daß Sie ihn mit den Stuten laufen lassen", sagte Jill.

„Er weiß, wie er mit ihnen umgehen muß", sagte Mrs. Reyna. „Es gibt nicht viele Züchter, die ihre Hengste in der Herde decken lassen. Die meisten haben zuviel Angst vor Verletzungen. Bei manchen

Hengsten, die grob mit den Stuten umgehen, ist das auch eine berechtigte Sorge. Kaluggi ist rücksichtsvoll, er läßt den Stuten Zeit."

„Er ist wirklich wunderschön", sagte Jill.

„Sie sollten ihn laufen sehen. Er hat herrliche Gänge", sagte Mrs. Reyna. Sie kletterte durch den Zaun und klatschte in die Hände. „Er ist es gewohnt, mit uns zu spielen. Komm, Kaluggi, zeig dich!"

Der gescheckte Hengst fiel in einen raumgreifenden Trab. Auf Mrs. Reynas Zuruf hin galoppierte er an. Seine Gangart war leicht und schwebend. „Er paßt wirklich gut zu Goldie", sagte Max zufrieden.

„Ich zeige Ihnen gern auch die anderen Hengste", bot Mrs. Reyna an und ging weiter. Einer der Hengste stand allein, die anderen waren alle auf großflächigen Weiden mit mehreren Stuten. Ein dunkelbrauner Araberhengst gefiel Johanna besonders. Er war gut gebaut, und seine schrägen Schultern ließen auf große Schnelligkeit schließen. „Er hat schöne, kluge Augen", sagte Johanna und streichelte die feinen Nüstern des Hengstes.

„Ghazir ist sehr sensibel", erklärte Mrs. Reyna. „Er hat einen guten Charakter. Das einzige, was er nicht leiden kann, ist, wenn jemand grob mit ihm umgeht. Wir haben ihn trotz seiner hervorragenden Blutlinien relativ preiswert von seinem vorigen Besitzer gekauft.

Er kam nicht mit Ghazir zurecht. Der Mann war grob und schlug den Hengst. Von dem Moment an konnte er nichts mehr mit ihm anfangen. Ghazir widersetzte sich, wo er nur konnte."

„Der Arme", sagte Johanna und sah den Hengst mitfühlend an.

„Bei uns ist er ganz sanft", meinte Mrs. Reyna. „Ich wollte es Ihnen aber doch sagen. Er ist kein berühmter Deckhengst, aber er hat viel Potential."

Johanna betrachtete den Braunen nachdenklich. „Haben Sie schon Nachzucht von ihm?" fragte sie.

Mrs. Reyna nickte. „Seine Fohlen sind sehr schön und haben gute Gänge. Sie stehen dort drüben auf der Fohlenweide."

Johanna konnte den Blick kaum von den Fohlen wenden. Die großen, neugierigen Augen, die langen, zierlichen Beine und der spielerische Übermut der Fohlen bezauberte sie. Ghazirs Kinder waren feingliedrig und bewegten sich elegant. „Ihre Hengste sind alle schön", sagte Johanna schließlich, „aber ich glaube, Ghazir würde am besten zu meiner Biba passen."

„Das finde ich auch", pflichtete Ben bei und legte den Arm um Johanna.

„Kommen Sie ins Haus, dort können wir alles weitere besprechen", sagte Mrs. Reyna mit einer einladenden Handbewegung.

4 4133-8

Bald waren sie sich über den Termin einig. In vier Wochen sollten die Stuten kommen. „Sechshundert Dollar werde ich in den Sommerferien sicher verdienen“, sagte Johanna zuversichtlich.

Nach einer Weile sah Max auf die Uhr. „Wir sollten uns allmählich auf den Heimweg machen“, schlug er vor. „Ich möchte noch vor Einbruch der Dunkelheit zu Hause sein.“

Ben hat einen Plan

Johanna ritt in leichtem Trab auf das Pueblo zu.

„Hoffentlich finden wir Dan“, sagte sie zu Biba. Das Mädchen kannte ein paar Stellen, an denen sich Dan gern aufhielt.

Am Ufer des kleinen Flusses war er jedoch nicht und auch nicht an der Plaza, dem Marktplatz des Dorfes. Schließlich lenkte Johanna ihre Stute zu einem kleinen Hügel, der etwas außerhalb des Pueblos lag. Biba wieherte hell, und gleich darauf antwortete Rose freudig. Dan saß an den Stamm einer alten Zeder gelehnt, er sah Johanna entgegen. „Ich freue mich, dich zu sehen, kleine Freundin“, sagte er.

Johanna stieg ab und setzte sich neben den alten

Mann. Eine Zeitlang unterhielten sie sich über das Wetter, und Johanna erzählte von ihrem Besuch bei den Reynas.

„Schön, daß du einen Hengst gefunden hast, der dir gefällt“, sagte Dan. Er sah Johanna durchdringend an. „Du bist nicht nur gekommen, um mir das zu berichten“, stellte er fest. „Du hast eine Frage an mich.“

Johanna sah den alten Indianer erstaunt an. „Manchmal glaube ich, du kannst Gedanken lesen!“

Der Alte kicherte vergnügt. „Wer weiß, wer weiß“, schmunzelte er und zwinkerte Johanna zu.

„Du hast mir einmal von Hexen erzählt, die sich in Coyoten verwandeln“, begann Johanna. Sie erzählte dem Alten von den beiden unheimlichen Erlebnissen, die sie gehabt hatte.

Der alte Indianer sah nachdenklich in die Ferne. Er kramte in seinen Taschen und zog einen Beutel mit Tabak hervor. Nachdem er sich eine Zigarette gedreht hatte, räusperte er sich. „Meine Eltern und Großeltern haben mich vor diesen Dingen gewarnt. Die meisten Weißen glauben, es sei Hokuspokus, so, wie sie glauben, daß die Steine kein Leben haben und daß der Fluß kein Lied singt. Man kann sich nicht darüber streiten oder es beweisen. Man glaubt es oder nicht!“

Johanna zeichnete mit einem Stöckchen unruhig Linien auf den trockenen Boden. „Warum erlebe ich so seltsame Dinge, Dan? Ich verstehe das alles nicht, und es beunruhigt mich."

„Junge Freundin, es gibt nun einmal Gut und Böse in der Welt!" Dan ließ kleine Rauchwolken zum Himmel schweben. „Am Ende lösen sich zwar die Gegensätze auf, aber es gibt Zeiten im Leben, da man sich entscheiden muß."

„Wofür muß ich mich entscheiden?" fragte Johanna unsicher.

„Du mußt dich entscheiden, wie du deine geistigen Fähigkeiten benutzt. Du hast spirituelle Kräfte, die nun wach werden. Du bist dir dessen noch nicht bewußt. Du kannst die Erlebnisse, die du hattest, zu deinem Nutzen verwenden oder in Panik geraten. Du spürst Dinge, die nicht alle Menschen wahrnehmen. Damit ist eine Herausforderung für dich verbunden. Du mußt lernen, mit deinen eigenen Kräften umzugehen. Dafür muß dir klar sein, wie du sie gebrauchen willst und wofür."

„Ich verstehe dich immer noch nicht", sagte Johanna verwirrt. „Wovon redest du?"

Dan zog ein Feuerzeug hervor. „Ist dieses Feuerzeug gut oder böse?"

Johanna sah ihn verständnislos an. „Machst du dir einen Spaß mit mir?"

„Nein, Johanna, ich meine es ganz ernst", erwiderte

Dan. „Dieses Feuerzeug ist weder gut noch böse. Ich kann damit ein Feuer anzünden, das mein Haus wärmt und über dem ich mein Essen koche. Mit dem gleichen Feuerzeug kann ich aber auch ein Haus in Flammen aufgehen lassen oder einen Waldbrand legen!" Er wog das Feuerzeug in der Hand. „So ist es auch mit unseren geistigen und spirituellen Fähigkeiten, kleine Freundin. Manche Menschen wählen die Dunkelheit. Sie nutzen ihre Kräfte, um Macht zu bekommen. Sie sind nur auf ihren eigenen Vorteil bedacht und genießen es, andere Menschen zu manipulieren. Sie scheuen dabei keine Mittel. Ihre Seele ist der Dunkelheit verschrieben, und sie haben kein Gewissen."

Johanna erschrak. „Diese Leute können sich in Tiere verwandeln?"

Dan nickte. „Es gibt solche Geschichten in fast allen Kulturen. Hast du mir nicht erzählt, daß es in Deutschland auch Geschichten von Zauberern und Hexen gibt?"

„Natürlich, aber ich dachte immer, es seien Märchen; Geschichten, die erfunden wurden, um Kindern Angst zu machen."

Dan fuhr fort: „Jeder Mensch hat die Wahl. Du kannst auch das Licht wählen. Damit stellst du deine Fähigkeiten in den Dienst des Großen Geistes und nutzt sie nicht nur zu deinem eigenen Vorteil. Die

Wesen, die du um dich spürst, wollen dich auf ihr Dasein aufmerksam machen. Sie versuchen zu sehen, wer du bist und ob du vielleicht in ihre Reihen eintreten möchtest."

„Um Gottes willen", rief Johanna, „natürlich nicht!"

„Es ist gut, daß du diese Erlebnisse hattest, junge Freundin. Sie haben dir ins Bewußtsein gerufen, daß du spirituelle Fähigkeiten hast. Sonst hättest du vielleicht nie darüber nachgedacht. Alle Menschen haben geistige Kräfte, aber die meisten wissen es nicht und benutzen sie unbewußt oder gar nicht. Es ist gefährlich, nicht über die eigenen Kräfte Bescheid zu wissen. Man kann leicht ungewollten Schaden anrichten."

„Wie könnte ich denn Schaden anrichten?" fragte Johanna.

„Jemand könnte dich manipulieren, sogar in deinen Träumen." Der alte Indianer schwieg einen Augenblick. „Stell dir vor, du hast Land gekauft. Du weißt, wo die Grenzen deines Besitzes sind, und du bestellst deine Felder. Du pflanzt Getreide und Blumen, jätest Unkraut und bringst im Herbst deine Ernte ein.

Nun hast du ein Feld mitgekauft, von dem du nichts weißt. Du hast es noch nicht entdeckt und bewirtschaftest es also auch nicht. Es liegt brach, und Unkraut wuchert darauf." Der Alte sah Johanna scharf an. „So ist es mit deinen Kräften, deren du dir nicht bewußt bist und die du nicht entwickelt hast. Jeder könnte kommen und das Feld bestellen. Jeder könnte es zu seinem Nutzen verwenden, und du wüßtest es nicht einmal."

„Du meinst, ich bin gerade an dem Punkt, wo ich feststelle, daß ich ein Feld habe, von dem ich bisher nichts wußte?"

Dan nickte zustimmend. „Nun mußt du zuerst deinen Anspruch darauf erheben und sagen: Ja, dieses Stück Land gehört mir! Mit anderen Worten, du erkennst, daß diese Fähigkeiten Teil deiner selbst sind und zu dir gehören!" Der alte Indianer machte eine Pause und sah Johanna an. „Nun stehst du vor deinem Feld und fragst dich, was du damit anfangen sollst. Es kommen Leute, die es gern von dir pachten möchten. Wirst du es an die Dunkelheit verpachten oder es für den Großen Geist bewirtschaften? Das ist die Entscheidung, von der ich spreche und vor der du nun stehst."

„Langsam wird mir klar, was du meinst", sagte Johanna. „Du kannst diese Dinge wunderbar erklären!"

„Ich bin mit Bildern aufgewachsen. Meine Vorfahren erzählten den Kindern Geschichten in Bildern und Gleichnissen. Wir mußten selbst herausfinden, was sie bedeuteten und was die Alten uns damit sagen wollten!" Er machte eigenartige Handbewegungen. „Manche erzählten uns ihre Geschichten nur in der Zeichensprache", sagte er.

„Konnte damals jeder die Zeichensprache?" wollte Johanna wissen.

„Nicht jeder", antwortete Dan. „Es gab aber in jedem Stamm einige, die so mit den anderen Stämmen reden konnten. Sie waren die Botschafter und vermittelten zwischen unterschiedlichen Stämmen, die sich sonst nicht verständigen konnten."

„Was soll ich tun, wenn ich wieder den unheimlichen Coyoten begegne?" fragte Johanna.

„Du mußt lernen, dich zu schützen, kleine Freundin. Stell dir wie eine Schutzhülle um dich herum helles Licht vor und konzentriere dich auf ein Gebet. Dann wissen die Diener der Dunkelheit, daß du nicht zu ihnen gehören willst und lassen dich in Ruhe!" Dan zog einen Beutel aus der Tasche. „Das sind getrocknete Zedernkerne", sagte er und reichte ihn Johanna. „Falls du je wieder Angst bekommst, nimm diese Kerne und verbrenne einige. Sie riechen gut und reinigen dich und alles um dich her."

„Ist es so etwas Ähnliches wie Weihrauch?"

Der alte Mann nickte. „Ich weiß nicht sehr viel über Weihrauch, aber ich glaube, es hat die gleiche Wirkung."

Johanna nahm den Beutel und roch daran. Ein feiner Duft stieg in ihre Nase. „Vielen Dank, Dan", sagte sie und stand auf.

„Ich will dir noch etwas sagen“, erklärte Dan und bedeutete ihr mit einer Handbewegung, sich wieder zu setzen. „Bisher hast du nur die Begegnungen mit dem Unheimlichen bemerkt, kleine Freundin. Sei wach, und du wirst sehen, daß dich auch die Diener des Großen Geistes besuchen werden.“

„Woran kann ich sie erkennen?“

„Erinnerst du dich an den Schatten des Adlers?“

Johanna nickte. Sie erinnerte sich noch gut an diese Begebenheit. Ein Adler war sehr niedrig geflogen und hatte seinen Schatten über sie gleiten lassen, als sie nach dem großen Wanderritt aus den Bergen gekommen war.

„Das war ein gutes Zeichen“, fuhr Dan Lachender Waschbär fort. „Adler sind Mittler zwischen den Menschen und dem Großen Geist. Du wirst keine Angst spüren, wenn seine Boten dich besuchen. Dein Herz wird froh sein, und du wirst spüren, daß du von etwas Gutem umgeben bist.“

Die Sonne ging unter, als der alte Indianer verstummte. Johanna saß neben ihm an den Baumstamm gelehnt und betrachtete den Himmel. Große, leuchtend orangerote Wolken schwebten über den Horizont. Die Farben wechselten langsam zu sanften Rosatönen und verblaßten schließlich. Johanna stand auf.

Sie dankte Dan und nahm seine Hand. Der Indianer sah sie ernst an.

Johanna schwang sich in den Sattel und ritt in leichtem Galopp nach Osten davon.

„Ben ist am Telefon!“ rief Florian. Johanna legte ihren Füllhalter weg und lief nach unten.

„Hast du heute abend schon etwas vor?“ fragte Ben.

„Nein“, sagte Johanna, „aber es klingt so, als ob du etwas geplant hättest!“

Ben lachte. „Stimmt. Ich möchte dich zum Essen einladen!“

„Ich freue mich“, sagte Johanna aufgeregt. „Wohin gehen wir?“

„Du kannst es dir aussuchen!“

Johanna überlegte einen Augenblick. „Wie wäre es mit dem *La Ultima*?“

„Gut“, sagte Ben. „Ich esse gern mexikanisch. Ist es dir recht, wenn ich dich um sieben abhole?“

Johanna stand vor ihrem Kleiderschrank, als ihr Bruder Florian ins Zimmer kam. Über einem Stuhl lagen drei Kleider, Johanna hielt einen Rock prüfend in der Hand. „Was machst du da?“ wollte Florian wissen.

„Ich gehe mit Ben essen“, sagte Johanna mit abwesender Stimme, so als erkläre das alles.

„Und warum stehst du schon seit zehn Minuten vor dem Kleiderschrank?“ fragte Florian. „Ich habe dich nämlich durchs Schlüsselloch beobachtet!“ Er ärgerte seine Schwester gern.

„Du weißt genau, daß ich das nicht leiden kann“, rief Johanna. „Demnächst klebe ich es zu, damit dein Spionieren ein Ende hat. Ich stehe hier seit zehn Minuten, weil ich einfach nichts anzuziehen habe“, sagte sie.

„Sonst gehst du auch in Jeans mit Ben aus!“ sagte Florian nüchtern.

„Das verstehst du nicht“, sagte Johanna. „Ich gehe in Jeans zum Reiten, oder spazieren. Es ist etwas anderes, wenn wir zum Essen gehen.“ Sie deutete auf die Kleider. „Dies hier ist abgetragen, zu dem roten habe ich keine passenden Schuhe, und das blaue paßt mir nicht mehr.“

Sie klapperte mit den Kleiderbügeln. Schließlich zog sie ein helles Sommerkleid hervor und sah es unschlüssig an. „Das kannst du nicht anziehen“, rief Florian laut. „Du bist zu fett, darin siehst du aus wie eine schwangere Auster.“

„He!“ rief Johanna empört und warf einen Schuh nach ihm. „Mach, daß du rauskommst, und zwar schnell!“ Noch ehe sie geendet hatte, war Florian kreischend verschwunden. Sie legte das Kleid weg. „Der

Kerl behauptet einfach, ich sei zu dick", sagte sie leise. Dann entschloß sie sich, das Kleid trotzdem anzuziehen und verschwand im Badezimmer.

Ben kam pünktlich um sieben. Johanna umarmte ihn stürmisch und zog die Haustür hinter sich zu. „Florian ist eine Nervensäge", sagte sie. „Ich bin froh, daß wir allein sein können!" Vor dem Auto blieb sie stehen. „Ben", fuhr sie zögernd fort, „schau mich an! Sehe ich aus wie eine schwangere Auster?"

Ben schloß sie in die Arme und zog sie an sich. „Du mußt nicht alles glauben, was dein Bruder sagt. Er will dich nur ärgern. Glaub mir, du siehst umwerfend aus!" Er küßte Johanna.

Da kamen von der Haustür schrille Pfiffe. Der Strahl einer Taschenlampe huschte über sie hinweg. „Huhu, sie küssen sich, Mama, sie küssen sich, und wie!" erklang Florians Stimme.

„Ich möchte wissen, warum mich der liebe Gott mit einem jüngeren Bruder gestraft hat", sagte Johanna lachend.

Ben öffnete schnell die Autotür und ließ den Motor an.

Das *La Ultima* war ein kleines, altmodisches mexikanisches Restaurant. Ben hatte ihren Lieblingsplatz reservieren lassen. Der kleine Tisch stand schön gedeckt vor einem geschwungenen Fensterbogen in der Ecke. Er war von großen Pflanzen umgeben und ein wenig abseits von den anderen Tischen. Johanna setzte sich aufatmend. „Ich bin gern hier. Es war eine gute Idee, heute essen zu gehen", sagte sie und nahm Bens Hand.

Der Kellner kam und zündete die Kerze auf dem Tisch an. Nachdem sie bestellt hatten, sah Ben Johanna aufmerksam an. „Weißt du was, ich habe noch eine gute Idee!"

„Da bin ich gespannt!" Johanna sah ihn erwartungsvoll an.

„Übernächste Woche haben wir ein langes Wochenende, der Montag ist ein Feiertag. Hast du Lust, einen Ausflug zu Pferd zu unternehmen, ehe Biba zum Hengst kommt?"

„Wir könnten drei Tage lang fortbleiben und im Freien übernachten!" überlegte sie.

Er drückte sanft Johannas Hand. „Genau das meine ich", sagte er liebevoll.

Johannas Augen glänzten. „Ich muß meine Eltern fragen, aber ich glaube, daß sie es mir erlauben. Wohin wollen wir reiten?"

„Ich bin als Kind einmal mit meinem Vater in einem Cañon gewesen. Es gibt dort einen Fluß mit schönen Badestellen und Wasserfällen."

Der Kellner brachte das Essen. Johanna hatte Burritos bestellt. „Als wir damals aus Deutschland hierherkamen, wußte ich nicht, was ein Burrito ist", erinnerte sich Johanna. „Inzwischen ist es mein Lieblingsessen geworden!" Auf ihrem Teller lagen zwei zusammengerollte, köstlich duftende Weizenteigfladen, die mit Hackfleisch, gebratenen Bohnen, Zwiebeln, Avocadoscheiben und Salat gefüllt waren.

Auf Bens Teller lagen Tostadas, überbackene Maismehlfladen, auf die Bohnen, Hühnerfleisch und Gemüse gehäuft waren.

„Erzähl mir mehr von deinem Cañon", sagte Johanna nach ein paar Bissen.

„Es ist wunderschön dort, du wirst sehen. Das Wasser ist besonders kalkhaltig und scheint dadurch smaragdgrün. Es ist kristallklar, durch den Kalkanteil bilden sich viele kleine Becken, in denen man sitzen kann. Wir müssen die Pferde ein Stück weit mit dem Hänger fahren. Ich habe meinen Vater gefragt. Er würde uns und die Pferde hinbringen."

„Wir nehmen Kudjo mit, ja?"

„Natürlich kommt er mit", sagte Ben.

Johanna bestellte zum Nachtisch Sopapillia. Bald kam der Kellner mit ihrer Bestellung. Der in schwimmendem Fett ausgebackene spanische Krapfen war noch warm und knusprig. „Zum Glück ist er nicht allzu süß", sagte Johanna zufrieden. „Ich mag es, wenn man ein wenig Honig darauf gibt und die Krapfen noch warm, mit Zimt bestäubt, ißt."

Ben trank mexikanischen Kaffee. „Hast du mit Dan gesprochen?" fragte er.

Sie erzählte ihm von der Unterhaltung mit dem alten Indianer. „Ich wollte ihn eigentlich auch fragen, warum Kudjo so außer sich geraten ist", sagte Johanna, „aber ich bin nicht dazu gekommen! Später habe ich es vergessen!"

„Was glaubst du selbst?" wollte Ben wissen.

Johanna blickte nachdenklich in die Kerzenflamme. „Ich kann mir vorstellen, daß es ihn böse macht, die Erscheinung seiner Verwandten für ungute Zwecke mißbraucht zu sehen. Es gibt viele Leute, die abergläubisch sind. Wölfe und Coyoten haben bei ihnen einen schlechten Ruf. Ich würde es auch nicht mögen, wenn jemand meine Artgenossen als eine Art Verkleidung mißbrauchen würde, um Unheil anzurichten."

„Ein interessanter Gedanke", stellte Ben fest. „Ich habe nie verstanden, warum heute noch Wölfe gejagt werden. Die Farmer in der Umgebung knallen jeden Coyoten ab, den sie zu sehen bekommen, obwohl kaum jemand mehr Hühner hat und sie den Rindern nie etwas tun!"

Johanna schwieg einen Augenblick. „Ich frage mich, ob unsere Pferde fit genug für einen dreitägigen Ritt

sind!“ sagte sie dann.
„Sie brauchen keine besondere Kondition“, erwiderte Ben. „Ich habe nicht vor, den ganzen Tag im Sattel zu verbringen. Wir sollten zu den Wasserfällen reiten und dort zelten. Ich würde einfach gern ein paar ruhige Tage mit dir verbringen und schwimmen, spazieren gehen und ein bißchen lesen. Die Pferde können grasen und werden sich dabei sicher nicht überanstrengen!“
„Das klingt, als ob es für uns alle richtig erholsam werden wird. Ich freue mich sehr darauf“, sagte Johanna. Ein Lächeln flog über ihr Gesicht. „Weißt du, worauf ich mich am meisten freue? Wir werden weit weg von einem gewissen Florian Küffner sein! Endlich wird kein jüngerer Bruder da sein, um uns zu ärgern. Wir werden ungestört allein sein!“
Ben lachte und nahm Johannas Hand.

Das Geschenk des Adlers

Im Morgengrauen holte Johanna Biba von der Koppel. Die Rappstute wieherte leise. „Du weißt wohl schon, daß heute ein besonderer Tag ist“, sagte das Mädchen und strich Biba sanft über den Hals.
Sie schwang sich geschmeidig auf den Rücken der

Stute und ritt zum Hof. Dort überprüfte sie noch einmal den Inhalt ihrer Satteltaschen. Sie hatte eine Erste-Hilfe-Apotheke für Mensch und Tier dabei. Wäsche zum Wechseln, eine Taschenlampe und Essensvorräte. In der anderen Satteltasche verstaute sie das Pferdeputzzeug, ein Handtuch und einen kleinen Spirituskocher. Sie hielt den Kocher zögernd in der Hand. „Ben wollte unbedingt, daß ich ihn mitnehme", murmelte sie. „Ich halte es zwar für überflüssig, aber nun habe ich ihn schon dabei."

Als sie fertig war, rollte der Pferdetransporter in den Hof. Bens Vater begrüßte Johanna. Er klopfte Bibas Hals. „Willst du deine Stute in den Hänger bringen, Johanna?"

Das Mädchen führte Biba vor die Laderampe. Pinia wieherte aus dem Inneren des Hängers. Biba antwortete und scharrte ungeduldig mit dem Vorderhuf. Johanna nahm ihr den Führstrick ab und gab ihr einen Klaps auf die Kruppe. Ohne zu zögern, ging Biba in den Hänger.

„So etwas sieht man selten", sagte Bens Vater. „Alle Achtung, Mädchen, du hast dein Pferd gut ausgebildet."

„Sie konnte das schon alles, als ich sie bekommen habe", sagte Johanna. Gemeinsam mit Ben lud sie das Sattelzeug ein und kletterte auf den Vordersitz.

5 4133-8

„Der Cañon, zu dem ihr wollt, ist ein ganz besonderer Ort", erzählte Bens Vater während der Fahrt. „Es gibt dort Wildtiere, die heute selten geworden sind. Ich habe Ben ein Buch zur Vogelbestimmung mitgegeben. Es soll dort Vögel geben, die man sonst kaum noch findet!"

Die Sonne ging auf, als sie ins Gebirge kamen. Die Hochwüste der Mesa lag gleißend im ersten Sonnenlicht unter ihnen. „Dieser Teil der Sangre de Cristos ist nicht sehr bewaldet", stellte Johanna fest.

„Das sieht nur so aus", sagte Ben. „Sobald es in den Cañons Wasser gibt, ist alles grün."

Schließlich hielt Bens Vater an einem Rastplatz, der von schroffen Felszacken umgeben war. „Hier beginnt der Pfad in den Cañon", sagte er.

Johanna sah sich um. Der Boden war mit einer feinen Staubschicht bedeckt. Die Abfalleimer neben den Picknicktischen quollen über, der kühle Morgenwind trieb eine Plastiktüte über den Platz. „Laß dir nicht die Laune verderben", sagte Ben, der Johannas enttäuschten Gesichtsausdruck bemerkt hatte. „Der Cañon wird dir bestimmt gefallen!"

Sie luden die Pferde aus und sattelten auf. Ben schnallte sein Zelt fest, und Johanna nahm die Satteltaschen. „Habt ihr nichts im Auto vergessen?" fragte der Vater.

„Schlafsäcke, Proviant, Zelt, alles an Bord!“ Ben lachte.

Kudjo rannte aufgeregt hin und her. „Dann also bis in drei Tagen“, sagte Bens Vater und winkte ihnen zu, als er davonfuhr.

Der Weg in den Cañon war schmal und steil. Die Sonne brannte heiß auf die Reiter herunter, obwohl es noch früh am Morgen war. Der Staub machte Johannas Kehle trocken. Sie griff nach ihrer Wasserflasche und trank in langen Zügen. Riesige Felsbrocken und Steinplatten, die den Weg säumten, leuchteten in allen Rottönen. „Ich kann mir nicht vorstellen, daß es hier irgendwo Wasser geben soll“, meinte Johanna nach einer Weile.

„Ich weiß“, sagte Ben, „es scheint eine Wüste zu sein. Glaub mir, nach acht oder neun Meilen sieht der Cañon schon anders aus.“

Der Weg wurde so schmal, daß sie hintereinander reiten mußten. Johanna war weite Ritte in die Berge gewöhnt. Sie wußte, daß sie sich vollkommen auf Bibas Trittsicherheit verlassen konnte.

„Pinia geht sehr vorsichtig“, stellte Ben zufrieden fest.

Über ihnen flog schwarzglänzend eine große Krähe. Ihr heiseres Krächzen hallte von den Wänden des Cañon wider. Kudjo knurrte drohend, er sträubte die

Nackenhaare. Ein kühler Windhauch wehte aus einer Felsenspalte und ließ Johanna trotz der warmen Sonne frösteln. Meile für Meile führte der Pfad in engen Windungen tiefer in den Cañon hinein. Manchmal mußten sich die Pferde um große Felsblöcke herum einen Weg suchen. „Es sieht aus, als hätte ein Riese mit den Steinen gespielt", sagte Ben.

Allmählich sah Johanna die ersten Grashalme, die aus dem trockenen Boden wuchsen. Bald sah sie den ersten Baum. Es war ein großer Baumwollbaum, dessen grüne Blätter im Gegenlicht flimmerten. „Er sieht wunderschön aus", sagte Johanna und hielt Biba an.

Der Cañon lag still und friedlich vor ihnen. Das sanfte Grün der Blätter hob sich von den roten Felswänden ab, der Himmel spannte sich wie blauer Stoff wolkenlos über ihnen, die hellen Kiesel im Cañon funkelten im Sonnenlicht. In der Ferne hörten sie Wasser rauschen. Je weiter sie ritten, desto grüner wurde es um sie. Bäume und Sträucher säumten den Weg. Vögel zwitscherten, und Erdhörnchen huschten geschäftig raschelnd durchs Gras. „Du hast recht, Ben, es ist schön hier!" rief Johanna.

Nach einer weiteren Stunde kamen sie an einen kleinen Fluß. Johanna sprang aus dem Sattel. Sie führte ihre Stute ans Ufer, damit sie trinken konnte. „Das Wasser ist tatsächlich smaragdgrün!" rief Johanna erstaunt. Sie kniete sich ans Wasser und kühlte ihr Gesicht. Mit beiden Händen schöpfte sie Wasser und ließ es sich über die Haare laufen. „Das tut gut, Ben!“ rief sie. „Willst du dich nicht auch abkühlen? Schau nur, Kudjo ist schon im Wasser!“

Ben stieg aus dem Sattel und setzte sich neben sie. Kudjo planschte zufrieden im Wasser. Die Pferde standen im Schatten und ruhten sich aus, nachdem sie ihren Durst gelöscht hatten. Kleine Fische flitzten blitzschnell durch das glasklare Wasser. Johanna lehnte sich an Bens Schulter und schloß die Augen.

Nach einer Weile ritten sie weiter. Der Cañon verbreiterte sich zusehends. „Hörst du das?“ fragte Ben plötzlich und hielt Pinia an.

Ein Dröhnen drang aus dem Inneren des Cañons. „Ist es das Tosen des Wasserfalls?“

Ben nickte und trieb Pinia vorwärts. Nach einer weiteren Meile bogen sie um eine scharfe Kurve. Zu ihrer Linken stieg eine Felswand steil auf, rechts brach ein Überhang jäh ab. Tief unter ihnen lag ein See, in den ein Wasserfall blitzend hinunterstürzte; wo er auf die Oberfläche des Sees traf, lagerte ein feiner Dunst, über dem ein farbenprächtiger Regenbogen leuchtete. „Ich hätte niemals etwas so Wunderschönes in diesem ausgedörrten Cañon vermutet“, sagte Johanna bewundernd.

Ben nahm ihre Hand. „Dies ist mir der liebste Platz auf der Welt. Ich bin froh, daß du ihn nun auch kennenlernst!“ Er trieb Pinia wieder an. Sorgsam suchte sich die Stute ihren Weg nach unten. Ein paar lose Geröllbrocken polterten in die Tiefe. „Gutes Mädchen“, beruhigte Ben die Grauschimmelstute. „Geh nur schön langsam, wir haben es nicht eilig!“

Schließlich waren sie am Ufer des Sees angekommen. Wie Ben gesagt hatte, gab es viele kleine Wasserbecken, deren Ränder durch den besonderen Kalk der Gegend verkrustet waren. „Hier ist ein guter Platz zum Zelten“, rief Johanna.

Ben nickte, und schon waren sie aus dem Sattel gestiegen. Johanna führte Biba wieder ans Wasser, um zu sehen, ob die Stute trinken wollte. Dann sattelte sie ab. Biba war verschwitzt und staubbedeckt. „Ben!“ rief Johanna. „Ich habe eine Idee!“ Sie warf ihm die Zügel zu und durchsuchte ihre Satteltaschen.

„Was hast du vor?“ wollte Ben wissen.

„Ich möchte mit Biba schwimmen gehen. Vor zwei Jahren war ich mit Onkel Harvey in den Bergen, dort bin ich mit Biba geschwommen. Es macht großen Spaß! Du solltest es versuchen! Pinia täte eine Abkühlung auch gut!“ Johanna hatte ihren Bikini gefunden, jetzt war sie im Handumdrehen umgezogen. „He, Ben, kommst du mit?“

Ben sah Johanna unschlüssig an. „Ich bin noch nie mit einem Pferd geschwommen“, sagte er.

„Ach, komm schon!“ rief sie. „Es ist ganz einfach, ich zeige es dir!“

„Na gut, du hast mich überredet“, erklärte Ben.

Johanna saß mit einem geschickten Satz auf Bibas blankem Rücken. Ben hatte etwas mehr Mühe, aber schließlich hatte er es auch geschafft.

„Reite einfach hinter mir her. Sobald Pinia schwimmt, hältst du dich in der Mähne fest und läßt dich ziehen!“

Biba liebte Wasser. Sie schlug übermütig mit dem Vorderhuf in die Wellen, bis das Wasser hoch aufspritzte. Johanna lachte und trieb ihre Stute weiter in den See hinein. Bald war die Rappstute bis zur Brust im Wasser, wenig später begann sie zu schwimmen.

Johanna sah sich nach Ben um. „Siehst du, es ist ganz leicht!“ Plötzlich kniff sie die Augen zusammen. „Gib auf Kudjo acht!“ schrie sie. „Er schwimmt dir nach! Pinias Hufe könnten ihn treffen, wenn er dir zu nahe kommt!“

Nun sah Ben seinen Wolf auch. Er schwamm, so schnell er konnte, geradewegs hinter Pinia her. „Kudjo, bleib weg!“ rief Ben und versuchte den Wolf mit einer Handbewegung zu verscheuchen. Aber Kudjo ließ sich nicht beirren. Schnell kam er Pinias wirbelnden Hufen näher. Ben sah verzweifelt zu Johanna hinüber. „Ich muß zu ihm ins Wasser", rief er. Er ließ Pinias Mähne los und stieß sich, so fest er konnte, von ihr ab.

Ben hatte soviel Schwung genommen, daß er mit Kudjo zusammenstieß. Er schob den Wolf von sich weg. „Komm mit, Kudjo!" rief Ben und schwamm zum Ufer. Kudjo folgte ihm sofort.

Johanna atmete erleichtert auf. Pinia wußte einen Augenblick lang nicht, welche Richtung sie nehmen sollte, sie wieherte ängstlich. Biba antwortete ihr, und da schwamm Pinia hinter der schwarzen Stute her. Johanna bemühte sich Abstand zu halten. Sie ließ Biba in einem großen Halbkreis schwimmen und lenkte sie schließlich zum Ufer zurück. Sobald ihre Stute wieder festen Boden unter den Füßen hatte, hielt Johanna sie an. „Laß uns auf Pinia warten. Sie soll uns nachkommen!"

Die Grauschimmelstute kam dicht neben Biba aus dem Wasser. Schnell beugte sich Johanna vor und griff ihre Zügel. Dann ritt sie mit beiden Pferden ans Ufer. „Gut, daß nichts passiert ist!" rief Ben Johanna zu, als sie von Bibas Rücken glitt. Kudjo schüttelte sein nasses Fell, daß es nur so spritzte.

Die Pferde wälzten sich genüßlich und begannen dann zu grasen. Johanna hatte ein Seil zwischen zwei

Bäume gespannt, daran machte sie die Führleinen fest, so daß die Pferde sich frei bewegen konnten.

„Wie wäre es mit gebratenen Forellen zum Abendessen?“ fragte Ben, als Johanna von den Pferden zurückkam.

„Forellen?“ fragte sie erstaunt. „Du hast doch gar keine Angel dabei!“

Ben klappte sein Taschenmesser auf und schnitt eine Weidenrute zurecht. Er zog Angelschnur und einen Haken aus der Hosentasche. „Ich war schließlich nicht umsonst bei den Pfadfindern“, sagte er und zwinkerte Johanna zu. Schnell verschwand er in Richtung der Klippen am Wasser.

Johanna sammelte Holz und schichtete es auf. Sie hatte die verschwitzten Satteldecken zum Trocknen über einen Felsen gelegt. Ein leichter Abendwind kam auf und rauschte leise in den Zweigen der Bäume. Kudjo lag im warmen Sand und schlief. Seine großen Pfoten zuckten im Traum. Johanna lehnte sich gegen einen Felsblock. Sie betrachtete den mächtigen Wasserfall, der donnernd in die Tiefe stürzte. Der Himmel färbte sich rosa, der See kräuselte sich leicht im Wind. Ein Vogel sang aus einer Baumkrone in den Abend hinein.

Plötzlich hörte Johanna ein Geräusch hinter sich, erschrocken fuhr sie herum. Vor ihr stand Ben, er lachte. In jeder Hand trug er zwei große Regenbogenforellen.

„Meine Güte, hast du mir einen Schrecken eingejagt!" rief Johanna und stieß ihn in die Seite.

„Na, was sagst du zu unserem Abendessen?" fragte er.

„Toll", sagte Johanna. „Ich wußte gar nicht, daß du fischen kannst!"

Sie zündeten das Feuer an. Bald prasselten die Flammen auf, und der helle Schein des Feuers tanzte über das Wasser. Gemeinsam nahmen sie die Fische aus und spießten sie auf lange, grüne Stöcke. Ben suchte in seinen Satteltaschen und kam endlich mit einem Säckchen Kartoffeln zurück.

„Du hast wirklich an alles gedacht", sagte Johanna zufrieden.

Ben wickelte die Kartoffeln in Folie ein und legte sie in die Glut. Bald roch es köstlich nach gebratenem Fisch und Kartoffeln.

„Mir läuft das Wasser im Mund zusammen", rief Johanna. Sie legte die Fische auf einen Papierteller und holte die Kartoffeln aus dem Feuer.

„Guten Appetit", sagte Ben und griff nach einem Fisch.

„Ben", sagte Johanna zögernd, „würde es dir etwas ausmachen, einen Moment zu warten? Ich möchte gerne ein kurzes Gebet sagen.“

Ben ließ den Fisch sinken. „Ist das nun schon wieder etwas, das du von den Indianern übernommen hast?“

„Ich möchte mich nur bedanken“, sagte sie einfach. „Es ist ein schöner Platz hier. Wir und die Pferde sind gut angekommen. Kudjo ist nicht verletzt, und wir haben ein wunderbares Abendessen vor uns. Ist das nicht genug, um einen Augenblick lang dankbar zu sein?“

„Du hast recht“, gab Ben zu. „Wir haben tatsächlich eine Menge, wofür wir dankbar sein können.“

Johanna nahm Bens Hand und sprach ein kurzes Gebet.

„Hier“, sagte Ben und reichte Johanna den größten Fisch.

Sie probierte ein Stück. „Er schmeckt wirklich gut“, sagte sie. Bald waren nur noch ein paar Gräten und Kartoffelschalen übrig. „Wir sollten das Zelt aufbauen, solange es noch nicht ganz dunkel ist“, schlug Johanna endlich vor.

Ein paar Minuten später stand das Zelt. Ben holte die Schlafsäcke und rollte sie aus. Johanna legte Holz nach. Die Pferde grasten friedlich unter den Bäumen bei einem Felsblock. Ben kam zum Feuer zurück, er umarmte Johanna sanft. „Schön, endlich mit dir allein zu sein“, flüsterte er.

Johanna küßte ihn. Sie saßen noch eine Weile eng aneinandergeschmiegt am Feuer.

Schließlich war nur noch Glut übrig. Johanna goß Wasser darüber, um sicher zu sein, daß kein Brand entstehen konnte. Die Sterne begannen heraufzuziehen. „Kennst du die Sitte, die Braut über die Schwelle des Hauses zu tragen?“ fragte Ben leise.

„Ich habe davon gehört“, antwortete Johanna. „Du willst mich doch nicht etwa ins Zelt tragen?“

„Genau das habe ich vor!“ Er lachte und hob Johanna mit beiden Armen hoch.

„Ben!“ rief sie und strampelte mit den Beinen. „Das Zelt ist viel zu niedrig, um mich hineinzutragen!“

„Halt still, sonst klappt es wirklich nicht“, rief er.

Vor dem Eingang des Zeltes stolperte Ben über die Zeltschnur. Mit lautem Poltern fiel er, mit Johanna auf den Armen, in das Zelt.

„He!“ schrie Johanna, „ich dachte du wolltest mich tragen, nicht werfen!“

Beide lachten, bis sie keine Luft mehr bekamen. „Es tut mir wirklich leid“, sagte Ben schließlich. „Wie kann ich das wiedergutmachen?“ Er sah sie an.

„Laß dir etwas einfallen“, antwortete Johanna.

„Ich habe da eine Idee“, sagte Ben und zog Johanna zärtlich an sich.

Die Morgensonne ließ den See golden glitzern. Johanna stand auf einem Felsvorsprung und holte tief Luft. Mit einem Kopfsprung landete sie im Wasser. Sie tauchte prustend wieder auf und winkte Ben zu. „Komm, du wirst sehen, wie schön es ist!“ Sie tauchte wieder unter.

Als sie an die Wasseroberfläche kam, war Ben neben ihr. „Wer ist zuerst am Wasserfall?“ rief er und schwamm los.

Sie kamen fast gleichzeitig an. Das Wasser stürzte mit großer Gewalt herunter. Ein kräftiger Wind blies Johanna und Ben sprühende Wassertropfen ins Gesicht. „Man kann hinter den Wasserfall klettern und dann mitten hinein springen“, rief Ben.

„Klingt aufregend“, sagte Johanna unternehmungslustig.

Ben schwamm an die Felswand und hangelte sich daran entlang auf den Wasserfall zu. Der Felsen war naß und schlüpfrig. Plötzlich verlor er den Halt und wurde von der Strömung ein Stück weit abgetrieben. „Es ist gar nicht so einfach“, keuchte er, als er wieder auftauchte.

Johanna arbeitete sich vorwärts. Je näher sie dem Wasserfall kam, desto stärker wurden der Wind und der Sprühregen. „Es fühlt sich an, als hielte einem jemand eine aufgedrehte Brause ins Gesicht!“ Johanna lachte und wischte sich das Wasser aus den Augen. Schließlich gelang es ihr, hinter den Wasserfall zu kommen. Atemlos stand sie vor einer kleinen Höhle. Vor ihr war eine Mulde mit ruhigem Wasser und dahinter die herabstürzende Wasserwand. Plötzlich tauchte Ben vor ihr auf. Er zog sich lachend herauf.

Sie setzten sich einen Augenblick auf den Boden, um Atem zu holen. „Springst du wirklich mitten in den Wasserfall hinein?“

„Es macht Spaß! Zuerst wirst du herumgewirbelt, und dann kommst du ganz schnell auf der anderen Seite wieder heraus. Als kleiner Junge war das eines meiner Lieblingsspiele.“

„Spring du zuerst, dann komme ich nach“, schlug Johanna vor.

Ben stand auf und holte tief Luft. Dann verschwand er mit einem Satz mitten im Wasserfall. Johanna starrte einen Moment in die tosende Säule. Vorsichtig ging sie an den Rand der Höhle. Sie hob die Arme und sprang.

Sie tauchte nur ein paar Meter entfernt von Ben wieder auf. „Meine Güte“, rief sie, „das Wasser hat ja eine wahnsinnige Kraft! Ich wußte nicht mehr, wo oben und wo unten ist. Als ich dachte, ich käme wieder nach oben, zog es mich wieder hinunter. Ich bin froh, daß mein Kopf noch da ist!“

Nach einer kurzen Wasserschlacht schwammen sie ans Ufer. „Ich friere!“ Johanna zitterte vor Kälte, sie trocknete sich kräftig ab.

Ben hatte Kudjo angebunden, damit er nicht wieder hinter ihnen herschwamm. Nun sprang der Wolf freudig herum und klopfte mit seinem buschigen Schwanz. „Ich habe riesigen Hunger“, stellte Ben fest. Bald roch es nach Kaffee, und Johanna füllte ihre Holzschalen mit Müsli.

Nach dem Frühstück gingen sie zu den Pferden. Biba wieherte leise und rieb ihren Kopf zur Begrüßung an Johannas Schulter. „Na, wie gefällt es euch hier?“ fragte Johanna und streichelte ihre Stute.

„Sie sehen zufrieden aus“, sagte Ben. „Ich glaube, es gefällt ihnen hier! Es gibt noch eine andere, schöne Stelle mit zwei Wasserfällen ganz in der Nähe“, sagte er. „Hast du Lust, dorthin zu reiten?“

„Klar“, meinte Johanna. „Wir müssen ja morgen schon wieder zurück.“

„Es ist nicht weit“, sagte Ben. „Wir könnten sogar ohne Sattel reiten!“

Johanna holte das Putzzeug. Sorgfältig putzten sie die Pferde und kratzten ihre Hufe aus. Dann glitt Johanna leichtfüßig auf Bibas Rücken.

„Wie machst du das nur?“ wollte Ben wissen. „Ich bin größer als du und habe mehr Mühe damit.“

„Das ist ein alter Indianertrick!“ Johanna lachte. „Der Rücken der Pferde darf dabei nicht belastet werden.“

„Das kannst du nur von Dan gelernt haben“, brummte Ben und versuchte aufzusteigen. Beim dritten Versuch gelang es ihm schließlich, und sie ritten los. Der schmale Weg war sandig und führte durch die roten Felsen steil bergan.

Plötzlich zuckte Johanna zusammen. „Hast du das gehört?“ fragte sie beklommen.

Ben schüttelte den Kopf. „Ich hab nichts gehört!“

„Es war der Ruf eines Adlers“, sagte Johanna. „Ich habe so einen Schrei bisher nur einmal gehört, aber ich werde ihn nie vergessen. Ich bin sicher, daß dies ein Adler war!“ Sie sah zum Himmel auf, er war tiefblau, mit kleinen, schneeweißen Wolken. Von einem Adler war nichts zu sehen.

„Vielleicht habe ich es mir nur eingebildet“, sagte Johanna endlich unsicher.

„Kudjo scheint auch nichts gehört zu haben, und er hat von uns allen die besten Ohren“, sagte Ben. „Mein Vater hat mir aber erzählt, daß es hier Adler gibt. Doch auch als Junge habe ich niemals einen Adler gesehen!“

Nach einer halben Stunde kamen sie an den Rand eines Felsenkessels, unter ihnen lag ein funkelndes

Wasserbecken.

„Wo sind die Wasserfälle?" fragte Johanna.

Ben deutete nach Westen. „Wir müssen ein Stück den Flußlauf hinaufwaten. Man kann sie von hier aus nicht sehen."

Johanna betrachtete die Felswände. „Hier können wir nicht mit den Pferden hinunterreiten", stellte sie fest.

„Wir lassen sie hier oben stehen. Ich weiß, wie man zum Wasser hinunterklettern kann."

Sie stiegen ab, und Ben band Pinia fest. Sie gingen um den Felsenkessel herum.

„Bist du auch ganz sicher, daß Biba einfach so stehenbleibt?" fragte Ben und warf einen skeptischen Blick zurück.

„Solange ihre Zügel auf dem Boden sind, rührt sie sich nicht von der Stelle", versicherte Johanna. „Wollen wir wetten?" fragte sie angriffslustig.

„Lieber nicht", erwiderte Ben. „Wie ich dich kenne, gewinnst du!"

Sie waren an einer Stelle angelangt, an der man ausgewaschene Stufen erkennen konnte, die nach unten führten. Vorsichtig kletterten sie hinunter. Kudjo folgte ihnen geschickt.

„An manchen Stellen ist der Fluß ziemlich tief", sagte Ben. „Ich hoffe, ich finde den Weg noch. Es ist lan-

6 4133-8

ge her, seitdem ich das letzte Mal hiergewesen bin."

Die Sonne schimmerte golden auf dem Wasser und ließ die Kiesel hell aufleuchten. Ein warmer Wind spielte in den Blättern. Johanna und Ben wateten quer durch den Fluß. Sie kamen an einen Seitenarm, der wie ein Tunnel von Bäumen und Ranken zugewachsen war. Nach einer Weile verbreiterte er sich. „Ich fühle mich wie im Dschungel", sagte Johanna.

Wieder kamen sie an eines der smaragdgrünen Wasserbecken. In Abständen führten viele kleinere Becken darauf zu. „Sie sind wie kleine Badewannen, gerade groß genug für einen oder zwei", erklärte Johanna. Bald saß sie in einem der Becken und ließ sich das Wasser über den Rücken laufen. „Das tut gut, Ben! Es fühlt sich an wie eine Unterwassermassage!"

Zwei Wasserfälle stürzten in das größere Becken, sie waren von Moos, hellgrünen Farnen und sprühenden Regenbogen umgeben. Johanna konnte sich nicht sattsehen.

„So stelle ich mir das Paradies vor", sagte Ben leise.

Johanna betrachtete die Wasserfälle, die hochaufragenden, roten Felsen, die weitausladenden Bäume und den blauen Himmel. Sie umarmte Ben. „Schön, daß du mich hierher gebracht hast", flüsterte sie.

Die beiden verbrachten den ganzen Tag bei den Wasserfällen. Sie schwammen und ließen sich in der

Sonne trocknen. Johanna tobte mit Ben und Kudjo in den seichten Wasserbecken herum. Die Sonne stand schon tief am Himmel, als sie sich auf den Rückweg machten.

Am nächsten Morgen erwachte Johanna früh. Der Himmel färbte sich rosa, als sie vor das Zelt trat. Plötzlich durchschnitt der helle Ruf eines Adlers die morgendliche Stille. Diesmal sah Johanna ihn, er schwebte majestätisch über dem Rand der roten Felsen. Der Vogel schwebte lautlos in großem Bogen über dem Mädchen und verschwand dann im Blau des Himmels. Bevor Johanna wußte, was sie tat, war sie schon auf dem Weg zu den Felsen, über denen sie den Adler gesehen hatte. Es war, als hätten sich ihre Beine von selbst in Bewegung gesetzt. Sie kletterte die Felsen hinauf. Schweißperlen glänzten auf ihrer Stirn, und sie keuchte, als sie schließlich oben angekommen war.

Sie schaute zum Himmel hinauf, aber der Adler war verschwunden. Trotzdem klopfte Johannas Herz vor Aufregung. Ihr war, als zöge eine unsichtbare Kraft ihren Kopf nach links. Da sah sie etwas im Gras schimmern. Sie trat einen Schritt darauf zu: vor ihr lag eine wunderschöne, schwarzweiße Adlerfeder.

Plötzlich wurde ihr klar, warum Dan sie so oft ermahnt hatte, die Augen offenzuhalten. Sie durchsuchte ihre Taschen, denn sie wollte etwas als Geschenk hier lassen, ehe sie die Feder aufhob. Auch das hatte der weise, alte Indianer sie gelehrt: etwas zurückzugeben, wenn man etwas geschenkt bekommt, sei die Gabe auch klein. Sie fand ein Bonbon und legte es neben die Feder. Dann hob sie die große Feder andächtig auf und hielt sie gegen die Brust. Aus weiter Ferne klang noch einmal der Ruf des Adlers. „Vielen Dank", flüsterte Johanna. Sie war sehr glücklich.

Nach dem Frühstück gingen Ben und Johanna noch einmal schwimmen. Sie hatten das Zelt schon abgebaut und alles eingepackt. „Wir machen uns am besten auf den Weg, solange es noch kühl ist", riet Ben.

Bald waren die Pferde gesattelt. Johanna hielt Biba an der letzten Biegung an, bei der sie den Wasserfall noch einmal sehen konnten. Der See lag wie ein Smaragd unter ihnen, ein Regenbogen leuchtete am Fuß des Wasserfalls.

Biba und Komet

„Betsy hat angerufen", erzählte Florian, als Johanna wieder zu Hause war.

„Schön." Johanna freute sich. „Ich bin froh, daß sie

wieder zurück ist."

Ein paar Stunden später saßen die Freundinnen zusammen bei einem Eis und erzählten einander von den Ereignissen der letzten Wochen. Betsy hatte einige Zeit bei ihren Großeltern verbracht, da der Großvater krank gewesen war. Nun hatte er sich erholt. Betsys Augen glänzten aufgeregt, als Johanna von ihren Plänen für Biba berichtete. „Willst du mitkommen, wenn wir sie zum Hengst bringen?"

„Natürlich!" rief Betsy. „Ich muß doch wissen, wie der zukünftige Vater ist!"

Johanna und Betsy waren schon früh bei den Pferden. Sie putzten Biba und Goldie, bis die Stuten glänzten und ihre Mähnen seidig schimmerten. „Die Hengste werden sich freuen, zwei so schöne Damen zu sehen zu bekommen", lachte Jill, als sie aus dem Haus kam. Sie holte den Hänger, und bald waren die Stuten verladen.

Die Fahrt verging diesmal schneller als sonst. Schon rollten sie in die Einfahrt der Reyna-Farm. Biba wieherte hell, als sie aus dem Hänger ging. Ein goldfarbener Araberhengst antwortete von der Koppel, er kam an den Zaun gelaufen.

Mrs. Reyna begrüßte sie freundlich. „Das sind also Ihre Stuten", sagte sie und betrachtete Biba und Goldie aufmerksam. „Wir bringen sie in die Koppeln gleich neben den Hengsten“, sagte sie. „So können sie sich aneinander gewöhnen. Ich werde sie zum Hengst lassen, wenn sie rossig sind. So vermeiden wir unnötige Balgereien!“

Goldie kam in die Weide neben Kaluggi. Der gescheckte Hengst kam wiehernd zum Zaun galoppiert, um die Stute zu begrüßen. Goldie beroch den Hengst interessiert. Dann quiekte sie und keilte heftig aus. Nach einer Weile begann sie gleichmütig zu grasen, obwohl Kaluggi sehnsüchtig wiehernd am Zaun stand.

Biba kam in einen Korral neben Ghazir. Sie trabte unruhig hin und her. Die Rappstute beachtete Ghazir nicht. Einmal begegneten sie sich am Zaun, Biba biß böse schnaubend nach dem Hengst und schlug aus. Ihre Hufe krachten gegen die Umzäunung. Sie rannte in die entfernteste Ecke der Koppel und wieherte schrill. Der goldfarbene Hengst antwortete, er begann aufgeregt in seiner Koppel herumzulaufen.

„Sie mag Ghazir wohl nicht besonders“, stellte Betsy trocken fest.

„Dafür scheint ihr der andere Hengst um so besser zu gefallen“, sagte Johanna.

„Komet ist ein noch junger Hengst“, erklärte Mrs. Reyna. „Dies ist seine erste Decksaison, und wir haben noch keine Nachzucht von ihm. Er ist ein vielversprechender Hengst. Ich hoffe, daß er eines Tages unser arabischer Champion werden wird."

„Biba wird sich schon noch an Ghazir gewöhnen", meinte Jill. „Er paßt gut zu ihr."

In diesem Moment wieherte Biba schrill. „Schauen Sie nur!" rief Betsy und packte Mrs. Reyna am Arm. Der Goldfarbene bäumte sich hoch auf, dann nahm er Anlauf und raste geradewegs auf den Koppelzaun zu. „Er wird doch nicht hinüberspringen?" flüsterte Betsy.

Da hob Komet zu einem mächtigen Satz ab. Alle hielten den Atem an. Der goldene Hengst schien in der Luft zu schweben, dann landete er weich und stürmte auf Biba zu. Eine Staubwolke hüllte die Pferde für einen Augenblick ein. Aufgeregt begrüßten sich Biba und Komet. Sie rieben die Nüstern aneinander, und Biba wieherte sanft.

Mrs. Reyna lief zu den Pferden hinüber. „Komet, schau, daß du in deine Koppel kommst!" rief sie. Sie faßte den Hengst am Halfter und führte ihn fort. Komet schüttelte unwillig den Kopf, aber er widersetzte sich nicht. Biba wieherte leise, sie begann wieder am Zaun auf und ab zu laufen.

„Komet ist noch nie über einen Zaun gesprungen", sagte Mrs. Reyna kopfschüttelnd, nachdem sie ihn in den Stall gebracht hatte. Der Hengst wieherte unglücklich aus dem Inneren der Box. „Ich wußte gar nicht, daß er so gut springen kann", sagte seine Besitzerin. Sie war sehr beeindruckt.

„Vielleicht sollte ich Biba von ihm decken lassen“, sagte Johanna nachdenklich. „Ich glaube, sie haben sich ineinander verliebt.“

„Ich bin sicher, daß es das gibt!“ erklärte Jill.

„Es sieht so aus“, antwortete Mrs. Reyna. „Die Pferde sollen es selbst entscheiden. Komet ist ein guter Hengst. Er ist von hervorragender Abstammung. Wir wissen eben nur noch nicht, wie er sich vererbt.“

„Du hattest aber Ghazir für Biba ausgesucht!“ erinnerte Jill Johanna.

Das Mädchen überlegte einen Augenblick. Biba wieherte noch immer, und Komet antwortete ihr.

„Ich würde sie zu Komet lassen“, sagte Betsy ernst. „Du würdest auch nicht von deinen Eltern gegen deinen Willen verheiratet werden wollen, oder? Komet ist ein wunderschöner Hengst. Biba hat sich schließlich ganz eindeutig für ihn und gegen Ghazir entschieden. Das ist doch wichtig!“

„Du hast recht“, sagte Johanna. Sie lachte. „Biba soll ihren Willen haben. Es ist ganz klar, zu wem sie möchte. Ich frage sie sonst auch immer um ihr Einverständnis!“ Sie sah Mrs. Reyna an. „Macht es Ihnen etwas aus, wenn ich mich für Komet entscheide? Ich hatte Biba ja für Ghazir angemeldet.“

„Das macht wirklich nichts“, erwiderte Mrs. Reyna.

„Ghazir hat viele Stuten. Die Decktaxe für Komet ist auch niedriger. Dann müssen Sie nicht so lange dafür arbeiten!“ Sie sah zu Biba hinüber. „Haben Sie ihr die Hufeisen abgenommen?“

Johanna nickte. „Ich habe auch das Gesundheitszeugnis vom Tierarzt dabei.“

„Ich denke, wir können die beiden gleich zusammen lassen. Es scheint wirklich Liebe auf den ersten Blick zu sein. Holen Sie Biba und lassen Sie sie auf die große Koppel“, sagte sie zu Johanna.

Biba ging mit, und sie hörte nicht auf zu wiehern. Johanna nahm ihr das Halfter ab, und Mrs. Reyna führte Komet. Die Rappstute und der goldfarbene Hengst begrüßten sich schnaubend. Komet biß Biba spielerisch in den Widerrist, und die Stute schnappte übermütig nach ihm. Sie begannen zu traben und fielen in einen leichten Galopp. Seite an Seite flogen sie über die Koppel und verschwanden hinter einem Hügel.

Betsy, Jill und Johanna gingen mit Mrs. Reyna ins Haus. Sie tranken Kaffee und erledigten die Formalitäten. Mrs. Reyna zeigte Johanna Komets Papiere. „Sein Vater stammt aus einer bekannten russisch-arabischen Blutlinie, die berühmt für ihren guten Charakter und hervorragende Rennleistungen ist.“

„Biba hat einen guten Geschmack“, stellte Johanna zufrieden fest. Schließlich verabschiedeten sie sich.

„Etwa in vier Wochen kommen wir wieder!“ rief Johanna. Sie winkte Mrs. Reyna, die in der Hofeinfahrt stand, zum Abschied zu.

Dan Lachender Waschbär saß am Fluß, als Johanna kam. „Ich habe schon auf dich gewartet“, sagte der alte Indianer. Johanna setzte sich neben ihn. Ein Hustenanfall verschluckte seine nächsten Worte.

„Dan, dieser Husten gefällt mir nicht“, sagte Johanna und zog die Augenbrauen zusammen. „Willst du nicht endlich zum Arzt gehen?“ Sie war besorgt um den alten Freund.

Dan hob abwehrend die Hände. „Kommt nicht in Frage“, brummte er störrisch. „Ein bißchen Husten, weiter nichts, kleine Freundin. Erzähl mir, was du erlebt hast.“

Johanna öffnete ihre Tasche. Sie hatte die Feder in eine Papierrolle gelegt, damit sie nicht geknickt wurde. Vorsichtig nahm sie sie heraus und reichte sie Dan. Die Augen des alten Indianers blitzten auf. Er betrachtete die Feder lange. Dann schloß er die Augen und hielt die Feder empor. Er lächelte, als er die Augen wieder öffnete. Ernst sah er Johanna an. „Es ist gut“, sagte er leise. „Ich will dir eine Geschichte erzählen!“ Er suchte in seinen Taschen.

„Bitte erzähl mir die Geschichte, ohne zu rauchen“,

sagte Johanna bittend.

Aber der Alte hatte seine Zigaretten schon gefunden. „Rauchen gehört zum Geschichtenerzählen", sagte er. „Du verstehst es nicht, aber das macht nichts!" Er zündete sich die Zigarette an und saß hustend in einer Rauchwolke da. „Vor langer Zeit gab es eine große Dürre", begann er. „Alles vertrocknete, und Menschen und Tiere litten Hunger. Die Indianer beteten zum Großen Geist, er möge Regen senden, aber es war, als höre er ihre Gebete nicht.

Tag für Tag zogen die Jäger aus, und Tag für Tag kamen sie mit leeren Händen zurück. Die Frauen fanden keine Wurzeln und Beeren mehr, und die Kinder weinten. Der Rat der Weisen beschloß, die beiden tapfersten Krieger hoch in die Berge zu schicken. Sie sollten auskundschaften, ob es dort noch Wild zu jagen gab. Springender Hirsch und Schneller Wolf machten sich noch vor Sonnenaufgang auf den Weg. Sie beteten und gingen mit dem Segen der Alten.

Höher und höher kamen sie in die Berge. Sie suchten überall, aber sie fanden nicht einmal die Spuren von Wild. Sie waren erschöpft, aber sie wußten, daß sie die letzte Hoffnung ihres Stammes waren. So schleppten sie sich weiter, den Wolken entgegen. ‚Vielleicht verbirgt sich dort der Große Geist', sagte Springender Hirsch, ‚und wir können ihm von der

Not unseres Volkes berichten.‘

Je näher sie den Wolken kamen, desto kälter wurde es um sie her. Mit letzter Kraft stiegen sie zum Gipfel auf. Rings umher war nichts als kalter Wind und Wolken. Sie konnten den Großen Geist nicht finden.

Schließlich machten sie sich mutlos wieder auf den Heimweg. Plötzlich blieb Schneller Wolf stehen. ‚Dort ist ein Nest‘, flüsterte er und deutete auf einen Felsvorsprung.

Die Krieger hatten das Nest eines Adlers gefunden. Zwei junge Adler drängten sich darin aneinander und warteten auf ihre Eltern. ‚Sie sind groß und gut genährt‘, stellte Springender Hirsch fest. ‚Es ist nicht viel, aber wenigstens werden wir nicht mit leeren Händen nach Hause kommen!‘

Sie wollten gerade die jungen Adler töten, als sie das Rauschen mächtiger Schwingen hörten. Die Adlereltern stürzten sich herab. Sie klagten, als sie sahen, was die Krieger vorhatten. ‚Verschont unsere Kinder!‘ riefen die Alten.

‚Wir brauchen Nahrung‘, sagte Springender Hirsch. ‚Unsere eigenen Kinder haben nichts zu essen. Der Große Geist scheint unsere Gebete nicht mehr zu hören. Es gibt keinen Regen und kein Wild. Wir brauchen diese beiden Vögel!‘

‚Laßt unsere Kinder leben, und wir werden euch

helfen', sagten die Adler. Wir versprechen, für immer die Gebete der Indianer zum Großen Geist zu tragen. Wir werden eure Mittler sein, und der Große Geist wird eure Gebete erhören!'

Springender Hirsch und Schneller Wolf sahen sich zweifelnd an.

,Glaubt uns', riefen die Adler. ,Wenn ihr unsere Kinder verschont, wird es regnen, sobald ihr in euer Dorf kommt. Auf dem Weg nach Hause werdet ihr reichlich Wild finden. Ihr werdet mehr Hirsche erlegen, als ihr beiden tragen könnt. Das Volk der Adler wird euch für immer in Freundschaft verbunden sein.'

Springender Hirsch und Schneller Wolf glaubten den Adlern. Alles geschah so, wie sie es versprochen hatten."

Dan schwieg einen Moment, seine Zigarette ging aus. Er drehte die Feder sacht hin und her. „Diese Feder wird dich beschützen", sagte er leise. „In alten Zeiten trugen einige Stämme eine Adlerfeder senkrecht im Haar. Weißt du, warum?"

Johanna schüttelte den Kopf, und der alte Mann fuhr fort: „Die Adlerfeder ist wie die Hand Gottes, die er schützend über seine Kinder hält! Du wirst diese Feder nicht im Haar tragen, aber denke dennoch daran, daß sie dich beschützen wird. Sie wird dir auch helfen, in Verbindung mit dem Großen Geist zu treten und zu beten. Das ist vorerst alles, was du wissen mußt, junge Freundin. Später erzähle ich dir mehr, aber die Zeit dafür ist noch nicht gekommen."

Johanna wußte, daß es sinnlos war, weiter zu fragen. Sie bedankte sich und erzählte Dan, daß sie Biba zum Hengst gebracht hatte. Sie redeten eine Weile. Dan wurde immer stiller. Johanna sah, daß dem alten Mann die Augen zufielen. „Bist du sehr müde?" fragte Johanna.

Dan Lachender Waschbär gähnte und lehnte sich an einen Felsenblock. Als Johanna sich von ihm verabschiedete, war er schon eingeschlafen.

Johanna erschienen die vier Wochen ohne ihre Stute endlos lang. Sie vermißte Biba wie ihre beste Freundin, ja, noch mehr. Jill hatte ihr angeboten, einen ihrer Wallache zu reiten. Johanna war ein paarmal mit Betsy und ihrem grauen Wallach Storm ausgeritten. Sammy, den Johanna reiten durfte, war ein gutes Pferd, aber Johanna hatte nicht den gleichen Kontakt zu ihm wie zu Biba. Sie war froh, als endlich der Tag kam, an dem sie ihre Stute wieder abholen konnte.

Goldie lief in der Herde von Kaluggi, sie schien sich dort sehr wohl zu fühlen.

„Sie hatte keine Schwierigkeiten, sich einzugewöhnen", erzählte Mrs. Reyna. „Biba und Komet haben bei uns die Namen Romeo und Julia bekommen", lachte sie. „Die beiden sind unzertrennlich. Inzwischen sind noch zwei andere Stuten bei Komet, aber Biba ist seine Lieblingsstute, sie dominiert die anderen."

Johanna ging an den Zaun und rief Biba leise. Der edle Kopf der schwarzen Stute flog hoch, und sie wieherte. Als Johanna noch einmal rief, kam Biba zum Zaun getrabt. Komet folgte ihr.

„Nun müßt ihr euch leider verabschieden", sagte Johanna. „Vielleicht seht ihr euch ja eines Tages wieder!" Sie streichelte ihrer Stute den Hals, dann zog sie ihr das Halfter auf und führte sie zum Transporter.

Komet wieherte, er lief am Zaun auf und ab. Biba antwortete ihm, sie wollte nicht in den Hänger gehen. Johanna sprach leise mit der Stute, aber Biba schüttelte unwillig den Kopf. „Sie geht zum ersten Mal nicht freiwillig in den Anhänger", sagte Johanna bedrückt.

„Sie will sich nicht von Komet trennen", sagte Betsy. „Das ist doch verständlich. Vielleicht können wir sie mit etwas Hafer hineinlocken."

Biba war nicht dazu zu bewegen, auch nur einen Schritt zu tun. Sie beachtete den Hafer nicht. Ihre Augen waren eigensinnig.

„So kenne ich Biba gar nicht", sagte Johanna leise.

„Ich bringe Goldie in den Hänger", sagte Jill. „Vielleicht kommt Biba dann nach."

„Und ich werde Komet in den Stall holen, damit er kein Theater macht!“ erklärte Mrs. Reyna.

Biba beruhigte sich, als sie Goldie sah. Die Fuchsstute ging willig in den Hänger. Johanna redete leise mit ihrem Pferd. Sie erinnerte sich an die indianischen Worte, die ihr Onkel Harvey einst beigebracht hatte. Beim Klang dieser Worte veränderte sich der Ausdruck in Bibas Augen. Sie schnaubte sanft und ging dann zögernd in den Anhänger. Als Johanna sie anbinden wollte, trat sie ein paar Schritte zurück. Es gelang dem Mädchen, die Stute mit viel Zureden wieder nach vorn zu bringen. Schließlich klappten Jill und Betsy die Laderampe hoch. Dann rollte der Transporter aus dem Tor.

Abschied von Dan Lachender Waschbär

In den Sommerferien fand Johanna eine Stelle als Tageskellnerin in einem Restaurant. Die Erlaubnis dafür hatte der Vater schließlich gegeben. Sie arbeitete dort etwa die Hälfte der Sommerferien, bis sie das Geld für Bibas Deckgebühr an ihre Eltern zurückgezahlt hatte. Den Rest der Ferien verbrachte sie mit Ben und Betsy und natürlich mit Biba.

Als sich die Blätter der Erlen goldgelb färbten, begann das neue Schuljahr. „Es wird unser letztes Jahr in der Kunstschule sein", sagte Betsy. „Weißt du schon, was du danach machen willst?"

„Ich würde gern Malunterricht für Kinder geben", sagte Johanna. „Zum Glück haben wir ja noch Zeit, um uns alles genau zu überlegen."

„Vielleicht sollten wir einmal eine Ausstellung mit unseren Bildern in einer Galerie machen", schlug Betsy vor.

„Eine gute Idee", überlegte Johanna. „Zu zweit ist das bestimmt einfacher als allein."

Der Herbst kam früh, wie jedes Jahr in New Mexico. Schon im September wurden die Nächte kühl, und hoch in den Bergen fiel der erste Schnee.

„Ich mache mir Sorgen um Dan", sagte Johanna bei einem Ausritt. „Es wird kalt, und ich habe ihn schon seit mehreren Wochen nicht mehr gesehen."

„Er wird wohl sein Winterquartier bezogen haben", meinte Betsy.

Der alte Indianer ritt den ganzen Sommer über mit seiner Scheckstute umher und schlief im Freien. Es gab ein winziges Haus aus Adobe, in dem er im Winter vor der Kälte Schutz suchte. An der Seite war ein Bretterverschlag für Rose, neben die Tür hatte sich

7 4133-8

Dan eine Bank gebaut.

„Laß uns hinreiten und nachsehen“, schlug Johanna vor. Sie wußte, daß der alte Mann jetzt in dem kleinen Haus sein mußte.

Sie atmete erleichtert auf, als sie Rose sah. Dan kam gebückt aus der Tür, er winkte den Mädchen zu. „Ich dachte, ihr hättet mich vergessen“, sagte er zur Begrüßung. Seine Augen hafteten auf der schwarzen Stute. Sanft fuhr der alte Indianer mit der Hand über ihren Bauch. „Sie ist trächtig“, sagte er zufrieden.

„Was glaubst du, Dan, wird es ein Hengst oder eine Stute werden?“ Der Alte wurde von einem Hustenanfall geschüttelt, er hielt sich an Bibas Sattelhorn fest.

Johanna und Betsy sahen sich besorgt an.

Dan räusperte sich. „Sie wird ein Stutfohlen haben“, sagte er überzeugt.

„Woher weißt du das?“

Dan nickte. „Ich weiß es eben!“ sagte er nur. Er deutete auf einen Stapel Brennholz. „Die letzten Wochen habe ich Holz gehackt. Das sollte mich durch den Winter bringen.“

Sein Häuschen bestand nur aus einem Raum. Es gab ein Bett, einen Kanonenofen, einen Tisch und einen wackeligen Stuhl darin. Ein paar sorgsam verschnürte Bündel lagen auf einem Holzregal, das wenige Geschirr fand auf einer umgedrehten Obstkiste Platz.

Die Mädchen blieben eine Weile und unterhielten sich mit dem alten Indianer. Endlich verabschiedeten sie sich. „Ich habe das Gefühl, daß wir uns diesen Winter besonders um Dan kümmern müssen“, sagte Johanna auf dem Heimweg.

Sie sollte recht behalten. Es wurde ein ungewöhnlich kalter und harter Winter. Ein Schneesturm folgte auf den anderen, eisige Winde fegten durch die Täler. Selbst die scheuen Bergziegen suchten in den Niederungen Zuflucht. So oft sie konnte, ging Johanna den alten Dan besuchen. Sie brachte ihm immer etwas mit: einen Topf mit Suppe, eine Decke oder ein paar Weihnachtskekse. Der alte Mann freute sich sehr über Johannas Besuche. Er versuchte zu verbergen, daß sein Husten schlimmer wurde, aber es entging Johanna nicht.

Das neue Jahr kam mit klirrender Kälte, und Dans Holzvorrat ging zur Neige. Gemeinsam mit Ben brachte Johanna ihm eine große Ladung Holz. Auch Harvey Kleiner Bär besuchte Dan fast jede Woche.

Johanna war erleichtert, als der April kam und der Schnee in den Bergen zu schmelzen begann. Biba und Goldie waren nun hochträchtig. Johanna bewegte ihre Stute nur noch im Schritt. Dan hatte sie gebeten, ihn mit Biba zu besuchen. „Das dauert eine Weile, wenn man gehen muß und nicht mehr galoppieren kann“, sagte Johanna und streichelte Bibas Hals, als sie sich auf den Weg machten. Das Mädchen klopfte an die Tür, als sie bei Dans Häuschen angekommen waren. Erst nach einer Weile öffnete er. „Ich war eingeschlafen“, murmelte der alte Indianer kopfschüttelnd. Er lächelte und sah mit einem eigenartigen Blick zum Horizont. „Ich hatte einen schönen Traum“, sagte er. „Es ist fast schade, daß ich aufgewacht bin!“

„Tut mir leid, Dan, ich wollte dich nicht stören.“

„Das macht nichts, kleine Freundin“, lächelte Dan. „Ich hatte mir doch gewünscht, Biba zu sehen.“ Er ging langsam um die Stute herum. Seine alten Hände fuhren sanft über ihren Körper. Er murmelte leise indianische Worte. „Sie wird ein schönes Fohlen haben“, sagte er zuversichtlich. Er strich der Stute liebevoll über die Stirn, dann ging er mit schleppenden Schritten zu seiner Bank und setzte sich.

Johanna blieb eine Weile und räumte das Häuschen auf. Als sie fertig war, setzte sie sich zu Dan. Er döste vor sich hin. Seine Augen waren ins Leere gerichtet. Johanna stand leise auf. Sie wollte den alten Mann nicht stören. Als sie mit Biba gehen wollte, hob Dan den Kopf und sagte: „So, so, du versuchst dich unbemerkt davonzuschleichen. Komm morgen wieder, junge Freundin. Bring deine Adlerfeder mit. Es ist Zeit."

Dan Lachender Waschbär war munterer und nicht mehr so abwesend, als Johanna am nächsten Tag kam. „Es riecht hier so gut", stellte sie fest, als sie ins Haus trat.

„Ich habe Zedernkerne verbrannt", sagte Dan und bot Johanna ein Glas Wasser an. Seine dunklen Augen richteten sich nachdenklich auf das Mädchen. „Als ich so jung war wie du, fand ich eines Tages eine Adlerfeder. Mein Vater erzählte mir manche Dinge darüber. Ich hatte viel Zeit und saß gern auf einem Hügel in den Bergen. Manchmal nahm ich meine Feder mit und saß ganz still. So habe ich etwas sehr Schönes herausgefunden, das mir in meinem Leben oft geholfen hat. Nun werde ich es an dich weitergeben."

Johanna sah den alten Indianer aufmerksam an. „Schließ die Augen", forderte er sie auf. „Nun stell dir den Adler vor, der dir seine Feder geschenkt hat. Du kannst ihn in Gedanken herbeirufen. Er ist für immer dein Freund und könnte dich auf Reisen mitnehmen. Von ihm kannst du alles lernen, was du wissen willst." Die Stimme des alten Mannes klang sanft und monoton. „Kannst du ihn hoch oben im Blau des Himmels schweben sehen?"

Johanna nickte, und der Alte fuhr fort: „Stell dir vor, wie er in langsamen Kreisen näher kommt und schließlich auf deiner linken Seite landet. Sieh ihn dir genau an. Präge dir den Blick seiner Augen und die Farbe seines Gefieders ein. Nun kannst du ihm eine Frage stellen."

Dan sah, daß Johanna zögerte. „Überlege nicht zu lange, kleine Freundin. Nimm die erste Frage, die dir einfällt."

„Ich würde ihn gern nach Bibas Fohlen fragen", sagte Johanna leise.

Dann sah sie plötzlich einen mächtigen Adler neben sich sitzen. Kaum hatte sie ihre Frage ausgesprochen, erhob sich der Vogel und breitete die Flügel aus. „Fliege mit ihm", drang Dans Stimme wie aus weiter Ferne an ihr Ohr.

Der Adler schwang sich in die Luft. Zu ihrem Erstaunen sah Johanna sich mit ihm fliegen. Wälder und Seen zogen unter ihr dahin. Auf einmal erkannte sie Johnsons Farm. Deutlich sah sie Biba vor sich. Neben ihr stand ein wunderschönes Fohlen. Sein Fell glänzte wie reinstes Rotgold, die dunklen Augen waren groß und ausdrucksvoll. Johanna sah Dans Scheckstute Rose auf derselben Weide stehen.

„Hast du das Fohlen gesehen?" fragte Dan.

Johanna nickte. „Bitte deinen Freund, dich wieder

mitzunehmen und zurückzubringen", sagte der Indianer.

Der Adler flog auf und nahm Johanna mit sich. Sie sah leuchtende Farben und war auf einmal wieder in Dans kleinem Haus.

„Bedanke dich bei deinem Freund für die Reise", sagte Dan. „Beobachte, wie er seine Schwingen ausbreitet und davonfliegt! Schau ihm nach, bis du ihn nicht mehr sehen kannst! Nun öffne die Augen!"

Johanna sah sich unsicher in Dans Häuschen um. „War der Adler wirklich hier? Oder habe ich es nur geträumt?"

Dan lächelte. „Du wirst es wissen, wenn Bibas Fohlen geboren wird, nicht wahr?"

„Es sah sehr schön aus, Dan!" rief Johanna. „Ich wollte, du hättest es auch sehen können!"

„Ich habe es gesehen", sagte Dan ruhig. „Es ist von goldroter Farbe und hat sehr dunkle Augen."

Johanna sah den alten Indianer verblüfft an. „Du konntest alles sehen, was ich gesehen habe?"

„Rose stand mit auf der Weide, stimmt's?"

Johanna nickte betroffen. „Woher weißt du das?"

Dan hob den Zeigefinger, er grinste.

„Ich weiß", rief Johanna, „es ist ein alter Indianertrick!"

Beide lachten, und Dan sagte: „Natürlich, was

sonst?“ Dann wurde er wieder ernst. „Du kannst den Adler treffen, wann immer du ihn brauchst. Du weißt nun, wie du ihn rufst und brauchst meine Hilfe nicht mehr. Manchmal wird er dir auf eine Weise antworten, die schwer zu verstehen ist. Vielleicht wird er dir Bilder oder Farben zeigen. Du kannst ihn fragen, was sie bedeuten und dir selbst die Antwort suchen. Er erspart es dir nicht, selbst zu denken und eigene Entscheidungen zu treffen. Er wird dir aber helfen, so wie er mir mein Leben lang geholfen hat, meinen Weg im Licht des Großen Geistes zu gehen!“ Er nahm Johannas Hand. „Achte diese Feder und das, was sie repräsentiert, junge Freundin! Dies ist meine Weise, dir für das zu danken, was du für mich getan hast.“

„Aber Dan“, wehrte Johanna ab, „es ist doch gar nicht der Rede wert. Ich möchte mich bei dir bedanken, für alles, was du mir gegeben und mir beigebracht hast.“

„Nun“, kicherte der Alte, „wir wollen uns nicht streiten, also bedanken wir uns beide.“ Er drückte Johannas Hände sanft. „Es ist gut, kleine Freundin, es ist gut.“

Zwei Tage später rief Harvey Kleiner Bär Johanna an. „Ich habe eine Nachricht für dich! Dan ist von uns gegangen!“

„Er ist tot?“ fragte Johanna fassungslos.

„Ja, er muß gestern gestorben sein“, sagte Harvey. „Ich habe ihn auf der Bank vor seinem Häuschen gefunden. Zuerst dachte ich, er schliefe.“ Harvey schwieg einen Augenblick.

Johanna schluchzte. „Ich habe ihn doch vor zwei Tagen noch gesehen“, sagte sie. „Es schien ihm gutzugehen. Ich kann nicht begreifen, daß er so plötzlich fortgegangen ist!“ Tränen liefen über ihre Wangen.

„Beruhige dich“, sagte Harvey sanft. „Dan sieht sehr friedlich aus. Du weißt, daß er schon lange vom Sterben gesprochen und sich darauf vorbereitet hat. Er hatte keine Angst. Ich bin ebenso traurig wie du, aber ich glaube, daß es Dan gutgeht.“

„Kann ich ihn noch einmal sehen?“ fragte Johanna stockend.

„Natürlich. Er wird vier Tage lang aufgebahrt werden, damit sich seine Freunde und Verwandten von ihm verabschieden können. Wir werden eine Nacht eine indianische Zeremonie abhalten und ihn dann beerdigen.“

„Ich kann jetzt nicht mehr reden“, sagte Johanna.

„Ruf mich an, wenn dir danach zumute ist“, sagte Harvey einfach.

Johanna ging in ihr Zimmer. Sie ließ sich aufs Bett fallen und weinte. Erst Stunden später rief sie Ben an. Der junge Mann versprach, sofort zu kommen. Johanna war froh, als er kam. Ben schloß sie in die Arme. Auch Kudjo drängte sich dicht an Johanna, als wollte er sie trösten. „Komm“, sagte Ben schließlich, „laß uns zu Biba gehen.“

Johanna nickte, sie wischte sich die Tränen ab. Ben hatte recht, es half ihr, bei ihrer Stute zu sein. Sie lehnte sich an Bibas warmen Bauch. „Dan hat so oft vom Leben und vom Sterben gesprochen“, sagte sie leise. „Es ist wohl wirklich ein großer Kreislauf. Dan ist gestorben, aber bald werden unsere Fohlen geboren werden. Das Leben geht weiter!“

„Es ist schade, daß Dan Bibas Fohlen nicht mehr sehen kann“, sagte Ben.

Johanna war ernst. „Er hat es gesehen“, sagte sie fast unhörbar. Sie sah Rose vor sich, so wie der Adler sie ihr gezeigt hatte. Sie fuhr zusammen. „Rose“, flüsterte sie. „Er hat alles gewußt!“

„Was redest du da?“ fragte Ben.

Johanna sah ihn schnell an. „Nichts“, sagte sie ausweichend. „Mir ist gerade Rose eingefallen. Wer kümmert sich jetzt um sie?“

„Wir müssen es überlegen“, sagte Ben.

„Ich möchte sie gern hierherholen und weiter für sie sorgen“, sagte Johanna. Sie strich sich mit einer energischen Bewegung die roten Locken aus dem Gesicht. „Komm“, sagte sie entschlossen. „Laß uns mit Jill sprechen und Onkel Harvey anrufen. Rose wird bei uns bleiben."

Jill war es recht, die Scheckstute aufzunehmen. Auch Harvey war erleichtert, als er Johannas Vorschlag hörte. „Wir holen sie gleich heute nachmittag, damit sie nicht länger allein ist", sagte Johanna. Sie drehte sich zu Ben um. „Bitte, komm mit", sagte sie leise. „Ich möchte nicht allein gehen."

Johanna und Ben hatten sich entschlossen, zu Fuß zu gehen und Rose zu führen. „Es ist traurig, daß Dan nicht mehr da ist", sagte das Mädchen, als sie bei dem kleinen Haus des Indianers ankamen.

Ben öffnete die Tür. Alles war so, wie Johanna es zuletzt gesehen hatte. „Es sieht aus, als sei er nur kurz weggegangen und käme gleich wieder", sagte sie bedrückt.

Rose wieherte hell, als sie hörte, daß jemand im Haus war. Johanna ging schnell zu ihr. Rose hatte Heu in der Krippe, der Wassereimer war noch halb voll. „Mein gutes, altes Mädchen", sagte Johanna liebevoll. „Nun wirst du mit uns nach Hause kommen!"

Rose scharrte unruhig. „Ich weiß, du bist es nicht gewohnt, im Stall zu stehen", meinte Johanna. Sie hakte das Führseil ein und brachte die Scheckstute nach draußen.

„Wahrscheinlich hat Harvey sie in den Stall gebracht, damit wir sie nicht suchen müssen“, sagte Ben.

Johanna sah sich ein letztes Mal um. Als sie sich zum Gehen wandte, liefen Tränen über ihr Gesicht. Ben legte den Arm um sie. Rose wieherte leise und schlug nervös mit dem Schweif, dann folgte sie dem sanften Zug des Führseils. Sie ging neben Johanna den schmalen Pfad hinunter, der in die Mesa führte, zu Johnsons Farm.

Am nächsten Tag ging Johanna gemeinsam mit Betsy und Ben zu Harvey Kleiner Bär, um Dan zum letzten Mal zu sehen. Harvey begrüßte sie ernst, seine Frau Margaret umarmte Johanna.

„Ich weiß, wie dir zumute ist“, sagte sie. „Wenn du jetzt noch einmal zu Dan gehst, sag ihm in Gedanken alles, was unausgesprochen geblieben ist. Das wird dir helfen, ihn loszulassen.“

„Margaret hat recht“, fügte Harvey hinzu, „es ist wichtig, jemanden, der gestorben ist, innerlich loszulassen, ihn freizugeben, so traurig wir auch sein mögen!“

„Warum ist das wichtig?“ fragte Betsy.

„Seine Seele soll frei weiterziehen können. Wenn du jemanden in Gedanken festhältst, kann seine Seele nicht weitergehen und bleibt in einer Art Zwischenreich gefangen. Heute nacht werden wir für die Angehörigen beten, damit sie die Kraft haben, Dan freizugeben. Das wird sie in ihrer Trauer trösten. Erst dann kann Dans Seele den ihr bestimmten Weg antreten. Sterben ist zwar das Ende des Lebens, es ist aber auch ein neuer Anfang, der Beginn einer anderen Daseinsform. Dan soll seine Reise gut antreten können. Nichts soll ihn belasten oder zurückhalten."

Harvey führte sie zu einem Tipi, einem Indianerzelt, in dem Dan aufgebahrt lag.

„Er sieht sehr friedlich aus", flüsterte Betsy.

Sie standen lange bei dem alten Indianer, und jeder verabschiedete sich auf seine Weise stumm von ihm. Johanna weinte. Auf einmal spürte sie, wie ihre Trauer leichter und weniger quälend wurde. Ein tröstliches Gefühl erfüllte sie, als sie später mit Betsy und Ben das Tipi verließ.

Die Beerdigung war sehr schlicht. Viele Leute, die Dan gekannt hatte, waren gekommen. Johanna sah die alte Anabell und ging zu ihr, um sie zu begrüßen. Es war ein strahlend schöner Frühlingstag, ein frischer Wind wehte von den Bergen. Die Glocken der kleinen, spanischen Kirche begannen zu läuten. Nach kurzem Gottesdienst versammelten sich alle am Grab. Einige Verwandte aus Oklahoma waren gekommen. Vier alte Männer sangen, während der Sarg langsam hinuntergelassen wurde.

Jeder warf der Reihe nach etwas Erde auf den Sarg. Als das Grab geschlossen war, wurde das Kreuz aufgerichtet, ein einfaches Holzkreuz. *Daniel Lachender Waschbär* stand darauf und seine Jahreszahlen. Nun legten die Leute feierlich Blumen und Kränze auf das Grab. Auch Johanna hatte Blumen für ihren alten Freund gebracht, wilde Bergblumen, die er besonders gern gehabt hatte.

Harvey und Margaret baten alle zu einem einfachen Essen bei sich zu Hause. Margaret hatte Dans Lieblingsgerichte gekocht. Zu Johannas Erstaunen wurde es eine fast fröhliche Feier. Die Leute erzählten lustige Geschichten und Erlebnisse aus der Zeit mit Dan. Es wurde gelacht und jeder erzählte Erinnerungen an den alten Dan.

Als die Feier vorbei war, wollte Johanna gehen. Aber Harvey winkte sie noch einmal zu sich. „Komm mit, ich habe etwas für dich“, sagte er.

Sie folgte ihm in ein Nebenzimmer. Harvey holte Dans Sattel und einiges Zaumzeug hervor. „Er hat nicht viel hinterlassen. Du hast dich seiner alten Stute angenommen, deshalb möchte ich, daß du sein Sattelzeug bekommst. Rose ist daran gewöhnt!“

„Vielen Dank“, sagte Johanna gerührt. Sie strich über das Leder des Sattels. „Ich werde ihn gut pflegen und ihn in Ehren halten“, sagte sie.

Das goldrote Fohlen

Es wurde jeden Tag wärmer. Der letzte Schnee lag zwar noch auf den Gipfeln der Berge, aber in den Tälern blühten schon die ersten Obstbäume. Es roch nach Frühlingsblumen, und die Vögel bauten eifrig ihre Nester.

„Nun werden die Fohlen jeden Tag kommen", sagte Jill zu Johanna. Sie standen gemeinsam am Koppelzaun und sahen zu den Stuten hinüber. Biba und Goldie grasten im Schatten eines Baumwollbaumes.

„Ihren Bäuchen nach zu urteilen, könnten beide Zwillinge bekommen", sagte Johanna nachdenklich.

„Das glaube ich nicht", sagte Jill und lachte. „Zwillinge sind bei Pferden äußerst selten. In diesen dicken Bäuchen sind große, kräftige Fohlen, die bestimmt neugierig auf die Welt sind und bald kommen werden!"

„Willst du Goldie für die Geburt in den Stall bringen?"

Jill schüttelte den Kopf. „Es ist besser, wenn sie ihr Fohlen im Freien zur Welt bringen wird. Da kann sie sich bewegen, wie sie will und sich einen guten Platz suchen. Es kommt vor, daß sich Stuten bei der Geburt in der Box verkeilen und festliegen. Es kann Schwierigkeiten geben, wenn man dann nicht sofort zur Stelle ist."

„Biba soll ihr Fohlen auch auf der Weide bekommen", sagte Johanna. „Sie selbst ist ja auch draußen geboren worden. So kann sich das Fohlen auch gleich an seine Umwelt und die anderen Pferde gewöhnen. Im Stall ist es zu abgeschirmt."

„Welche Stute wird wohl zuerst fohlen, was glaubst du?"

„Ich denke, Goldie wird als erste ihr Fohlen bekommen", erklärte Johanna.

„Ich rufe dich sofort an, wenn es soweit ist", versprach Jill.

Johanna fuhr nun jeden Tag schon vor der Schule zu Biba. Jeden Morgen ging sie gespannt zur Koppel hinunter, aber die Fohlen ließen sich Zeit.

Johanna putzte ihre Stute sorgfältig. „Na, meine Gute, wann wird dein goldrotes Fohlen zur Welt kommen?" fragte sie leise und fuhr behutsam über den prallen Bauch der schwarzen Stute. „Dein Euter ist auch schon mit Milch gefüllt", stellte sie fest. Die Milchtropfen, Harztropfen genannt, die die Geburt ankündigen, waren aber noch nicht zu sehen.

Rose hatte sich gut eingewöhnt. Johanna nahm ihr Putzzeug und ging zu der alten Schecke. Sie putzte die Stute liebevoll. Rose stand ruhig in der Morgensonne, sie genoß Johannas Zuwendung.

„Du wirst es richtig gut auf deine alten Tage haben", sagte Johanna. „Dein Leben lang hast du Dan gedient. Du verdienst es, jetzt verwöhnt zu werden."

Sie brachte Rose und die trächtigen Stuten in einen kleinen Pferch. Dort hingen schon ihre Futtereimer. Johanna hatte Mash für alle zubereitet. Die Stuten liebten den lauwarmen Brei aus gequetschtem Hafer, Kleie und Leinsamen. Johanna stand noch eine Weile am Zaun, ehe sie sich auf den Weg in die Schule machte. Die Vögel sangen, und der Tau glitzerte auf den Gräsern. Goldie und Biba gingen schwerfällig den kleinen Pfad hinunter, der zur Wasserstelle führte.

Zwei Tage später klingelte am frühen Abend das Telefon.

„Goldie hat ihr Fohlen bekommen!" rief Jill aufgeregt.

„Ist alles gutgegangen?" fragte Johanna atemlos.

„Ja, ich habe es vorhin erst entdeckt. Es kann schon stehen und laufen!"

„Ich komme sofort!" rief Johanna. Sie rannte polternd die Treppe hinunter.

Max und Jill waren auf der Koppel, als Johanna ankam. Neben Goldie stand ein langbeiniges, braunweiß geschecktes Fohlen.

„Es sieht so aus wie Kaluggi!" rief Johanna und sah

8 4133-8

das Fohlen hingerissen an.

„Ja, er hat sich gut vererbt", lächelte Max.

„Ist es eine Stute oder ein Hengst?"

„Ein Stutfohlen", sagte Jill stolz.

Das Fohlen drängte sich an die Seite seiner Mutter und suchte energisch nach dem Euter. Dann begann es schmatzend zu trinken.

„Wir haben den Tierarzt angerufen. Er wird bald hier sein, um die Nachgeburt zu untersuchen und dem Fohlen seine ersten Impfungen zu geben", sagte Max. Er blickte zu Biba hinüber. „Nun warten wir nur noch auf dich!"

In dieser Nacht hatte Johanna einen Traum. Sie sah Dan Lachender Waschbär deutlich vor sich. Er sah jünger aus, die Falten hatten sich geglättet, und sein Haar war voll und dunkel. Er lächelte Johanna zu, dann wandte er sich um und ging langsam davon. Seine Gestalt wurde kleiner und kleiner. Er drehte sich noch einmal um und winkte Johanna zu. Als er auf ein helles Licht am Horizont zuging, verschwammen die Umrisse seiner Gestalt, bis sie sich flimmernd im Licht auflösten.

Johanna erwachte und zündete eine Kerze an. Sie stand auf und ging ans Fenster. Die zarten Farben der Morgendämmerung erhellten den Himmel. Am Horizont stand groß und funkelnd der Morgenstern. Johanna erinnerte sich an Dans Worte. „Der kleine Wind wird mich besuchen kommen. Wir werden uns umarmen, und wir werden lachen, denn wir sind alte Freunde. Wir werden tanzen, und er wird mich mitnehmen, dem Morgenstern entgegen."

Johanna dachte an ihren Traum. Sie verstand des Alten Worte auf einmal besser. Mit einem Gefühl von Ruhe und Frieden sah sie in die Dämmerung hinaus, bis das Licht des Morgensterns sich im Farbspiel der aufgehenden Sonne verlor.

Das Mädchen dachte an Biba. Vielleicht würde das Fohlen neben seiner Mutter stehen, wenn sie heute zur Weide kam. Johannas Herz begann schneller zu schlagen. Die ersten Sonnenstrahlen ließen sie blinzeln und wärmten ihr Gesicht. Schnell schlüpfte sie in ihre Kleider und machte sich auf den Weg zu Johnsons Farm.

Voller Erwartung rannte Johanna zur Weide. Goldie stand mit ihrem Fohlen unter dem Baumwollbaum. Von Biba war nichts zu sehen; Johanna pfiff und rief ihren Namen. Sie hörte das helle Wiehern der schwarzen Stute von der anderen Seite der Koppel. Johanna öffnete das Gatter und lief in die Richtung, aus der das Wiehern gekommen war.

Sie fand Biba am Fuß eines kleinen Hügels. Aber an ihrer Seite war noch kein Fohlen, wie Johanna es gehofft hatte. Die Stute rupfte rastlos ein paar Büschel Gras ab.

„Ich dachte, du hättest dein Fohlen schon bekommen", sagte Johanna leise zu dem schwarzen Pferd.

Biba schnaubte und schlug mit dem Schweif. Sie stupste Johanna mit ihren weichen Nüstern an und ging ein paar Schritte hin und her.

Johanna betrachtete die Rappstute nachdenklich. „Du bist doch sonst nicht so unruhig", sagte sie und klopfte Biba beruhigend den Hals. Sie spürte, daß die Stute schwitzte. Mit einem Schlag wurde ihr klar, daß die Geburt des Fohlens unmittelbar bevorstand. „Biba!" rief Johanna aufgeregt, „du bekommst dein Fohlen!"

Sie beugte sich zu der Stute und untersuchte das Euter. Sie konnte deutlich die Harztropfen erkennen. Johanna richtete sich auf und überlegte fieberhaft. „Was soll ich tun?" flüsterte sie. Sie strich Biba über den Rücken. „Wäre es dir recht, wenn ich zuschauen würde?"

Biba schnaubte und stieß Johanna noch einmal sachte mit dem Maul an. Sie ging langsam im Kreis um das Mädchen herum. Johanna erinnerte sich an Fohlengeschichten, die sie gehört hatte. Dan hatte erzählt, daß Stuten meistens lieber allein sind. „Manchmal warten sie und zögern die Geburt so lange hinaus, bis sie endlich ungestört sein können", hatte er gesagt.

Dennoch hatte Johanna das Gefühl, daß Biba sie gern um sich hatte. „Ich will Jill Bescheid sagen", sagte sie. „Es dauert nicht lange, ich bin gleich wieder da!" Schnell rannte sie den Hügel hinauf. Biba wieherte ihr nach.

Atemlos kam Johanna am Haus an. Jill war gerade aufgestanden, sie kochte Kaffee in der Küche.

„Biba bekommt ihr Fohlen!" rief Johanna. „Ich glaube, sie läßt mich dabeisein. Meinst du, ich sollte irgend etwas für den Notfall vorbereiten?"

„Hast du das Gefühl, daß etwas nicht in Ordnung ist?" fragte Jill besorgt.

Johanna schüttelte den Kopf. „Nein, ich glaube, daß es eine ganz normale Geburt wird, aber man kann ja nie wissen. Ich war noch nie dabei, wenn ein Fohlen zur Welt kommt!"

„Lauf zurück zu Biba, und beobachte sie genau", schlug Jill vor. „Ich kann mir vorstellen, daß es ihr nichts ausmacht, wenn du bei ihr bleibst. Aber ich finde, es sollten nicht noch mehr Leute dort sein. Ich bleibe hier und setze heißes Wasser auf. Ich kann alles Nötige vorbereiten, wenn es Komplikationen geben sollte."

„Sagst du auch dem Tierarzt Bescheid?"

„Ja, ich werde ihm sagen, daß die Geburt begonnen

hat. Dann wird er bereit sein, wenn wir ihn brauchen sollten!"

Johannas Gesicht glühte vor Aufregung. „Ich pfeife laut auf zwei Fingern, wenn Biba Hilfe braucht", sagte sie. „Kannst du es bis hierher hören?"

Jill lächelte. „Ganz bestimmt. Beeil dich, manchmal geht eine Geburt schneller, als man vermutet. Und bleib ganz ruhig, du darfst keine Unruhe verbreiten!"

Johanna lief zurück auf die Weide. Biba stand noch immer an der gleichen Stelle. Johanna streichelte sie sanft. Biba schien die Berührung gutzutun. Dann aber wurde sie wieder unruhig. Auf einmal legte sie sich auf die Seite. Johanna ging ein paar Schritte zur Seite.

Biba lag einen Moment still. Sie schlug rastlos mit dem Schweif und kam mit einem Ruck wieder auf die Beine. Dann ging plötzlich ein großer Schwall Fruchtwasser ab. Johanna wußte, daß die Geburt begonnen hatte. Biba legte sich wieder hin, ihr Atem ging schwer.

Das junge Mädchen setzte sich auf einen Stein und beobachtete die Rappstute aufmerksam. Schweiß färbte den Hals der Stute dunkel.

„Ich wollte, ich könnte dir helfen, meine Gute", sagte Johanna. Und dann spürte sie mit einem Mal eine eigenartige Ruhe und Zuversicht. Sie erinnerte sich an das Fohlen, das ihr der Adler gezeigt hatte. Plötzlich wußte sie, daß alles so war, wie es sein sollte. Sie spürte, daß Biba keine Hilfe brauchte und daß sie und das Fohlen die Geburt gut überstehen würden.

Erleichtert atmete Johanna auf. Ihre Besorgnis und Unruhe waren verflogen. Sie spürte ein großes Glücksgefühl und Dankbarkeit, daß Biba es ihr erlaubte, bei der Geburt dabeizusein. Nun erst bemerkte sie, daß die Sonne schien und die Vögel zwitscherten. Ein schöner Morgen, um auf die Welt zu kommen, dachte sie und lächelte.

Biba atmete noch immer schwer. Johanna sah, wie sich die Bauchmuskeln der Stute zusammenzogen und wieder entspannten.

Und dann sah Johanna die winzigen Hufe des Fohlens hervortreten. Sie waren noch in die Eihaut gehüllt. Zu Johannas Erstaunen kam Biba wieder zum Stehen. Sie ging einige Zeit herum, dann legte sie sich mit leisem Stöhnen wieder hin. Johanna sah, daß die Stute wieder zu pressen begann. Die Hufe des Fohlens rutschten ein Stück weiter heraus, plötzlich war auch der Kopf zu sehen. Johanna hielt den Atem an. Biba preßte noch einmal heftig, und dann lag das Fohlen im weichen Gras.

Die Stute stand langsam auf. Sie ging zu ihrem Fohlen und zerriß die Eihaut, die es umschlossen hielt. Johannas Herz klopfte wie wild. Sie blickte staunend auf das kleine Fohlen. Die Sonnenstrahlen ließen sein Fell wie dunkelrotes Gold leuchten.

Bibas rauhe Zunge fuhr mit langen Strichen über den kleinen Körper. „Biba, ich bin so glücklich!“ rief Johanna, sie umarmte ihre Stute. Sie kniete sich behutsam neben das Fohlen. Das Kleine öffnete die Augen.

„Du bist so schön, wie ich dich im Traum von dem Adler gesehen habe“, flüsterte Johanna. Also war es doch wahr! Die Augen des Fohlens waren groß und sehr dunkel, mit langen, weichen Wimpern. Der kleine, edle Kopf verriet seine arabischen Vorfahren. Seine winzigen Nüstern weiteten sich neugierig.

Langsam streckte Johanna die Hand aus und strich zart über die feinen Haare, die das kleine Maul des Fohlens umgaben. Dann setzte sie sich etwas entfernt ins Gras. Sie konnte die Augen nicht von dem Fohlen wenden. Je länger Biba es trockenleckte, desto mehr begann sein Fell zu glänzen. Schließlich leuchtete es wie reines Rotgold. Die Mähne des Fohlens lockte sich in kleinen Wirbeln, der wollige Schweif begann zu zucken. Johanna lachte. Dann stand sie auf und ging zum Haus hinauf, um Jill Bescheid zu sagen.

Die junge Frau sah ihr erwartungsvoll entgegen. „Ist alles gutgegangen?“ rief sie.

„O ja“, lachte Johanna. „Biba hat ein wunderschönes Fohlen bekommen. Sein Fell glänzt goldrot, und es hat große, dunkle Augen wie eine Prinzessin.“

„Bist du sicher, daß es ein Stutfohlen ist?"

Johanna sah Jill verdutzt an. „Ich war so davon überzeugt, daß ich gar nicht nachgeschaut habe!"

„Komm, wir wollen das Fohlen ansehen. Ich rufe nur den Tierarzt an und sage ihm Bescheid."

„Gut, ich mische in der Zwischenzeit Mash für Biba", sagte Johanna und ging in die Futterkammer. „Jetzt braucht sie eine Stärkung!"

Langsam näherten sich Jill und Johanna der Stute. „Wir wollen das Fohlen nicht erschrecken", flüsterte Jill. Als sie sich dem Pferdekind bis auf ein paar Schritte genähert hatten, versuchte es aufzustehen. Mühsam richtete es sich ein wenig auf, aber die Vorderbeinchen gaben immer wieder nach, so daß es ins Gras der Wiese zurücksank. „Ich glaube, wir sollten es dabei nicht stören", sagte Johanna.

Nach einer Pause versuchte das Fohlen wieder auf die Beine zu kommen. Diesmal ging es besser. Und dann stand es auf schwankenden, dünnen Beinen neben Biba.

„Es ist wirklich eine Schönheit", sagte Jill bewundernd. „Sieh dir seine langen Beine an! Es ist perfekt gewachsen!"

„Ich glaube, daß es ein ganz besonderes Pferd werden wird", sagte Johanna überzeugt.

Das Fohlen verlor das Gleichgewicht und fiel wieder zu Boden. Biba stupste es ermutigend an. Kurz darauf stand das Kleine wieder auf. Es lehnte sich an die Flanke seiner Mutter.

„Sicher wird es bald trinken", sagte Johanna.

Tatsächlich dauerte es nicht lange, bis das Fohlen das Euter gefunden hatte und in kräftigen Zügen saugte. Johanna ging vorsichtig um Biba herum, damit sie das Fohlen besser sehen konnte. „Es ist wirklich ein Stutfohlen!" rief sie. „Dan hat also recht gehabt!"

Ein paar Minuten später kamen Max und der Tierarzt auf die Weide. Biba schnaubte mißtrauisch, sie stellte sich schützend vor ihr Kind.

„Hab keine Angst", flüsterte Johanna. „Niemand wird der Kleinen etwas tun!"

Der Tierarzt untersuchte die Nachgeburt sorgfältig. „Es ist alles in Ordnung", stellte er zufrieden fest. „Nun werden wir diesem kleinen Wildfang noch eine Spritze geben."

Johanna gab Jill Bibas Führseil. Das Fohlen hatte sich sattgetrunken, es lag mit halbgeschlossenen Augen im Gras. Langsam näherte sich Johanna dem Fohlen, sie kniete sich ins Gras und sprach leise mit ihm. „Du mußt nicht erschrecken, meine Kleine. Ich werde dich ein bißchen festhalten, damit der Tierarzt dir eine Spritze geben kann!" Sie legte ihre Arme sanft um das

Fohlen. Es strampelte und wehrte sich zuerst, aber Johanna gelang es, das Kleine zu beruhigen.

„Siehst du, ist schon vorbei", sagte der Tierarzt und strich der kleinen Stute über die wollige Mähne. „Sie haben ein besonders schönes Fohlen", sagte er und sah Johanna freundlich an.

Sie blieb noch bei Biba, als alle gegangen waren, denn sie konnte sich noch nicht von der Rappstute und dem rotgoldenen Fohlen trennen. „Ich bin sehr froh", sagte sie zu Biba und hielt ihr den Futtereimer hin. Das Fohlen lag ausgestreckt auf der Wiese und schlief. Schließlich verabschiedete sich Johanna von ihrer Stute. „Ich habe Ben und Betsy noch gar nicht Bescheid gesagt!" sagte sie. „Sie wollen deine schöne Tochter sicher auch bald sehen."

Am Nachmittag kam Johanna mit Ben und Betsy zurück. Betsy hatte Biba einen Bund frischer Mohrrüben mitgebracht. „Das Fohlen kann ja schon laufen!" rief sie aufgeregt, als sie am Koppelzaun ankamen.

Tatsächlich trabte das langbeinige Pferdekind bereits über die Wiese. Es schien gerade die anderen Pferde entdeckt zu haben. Biba beobachtete ihr Fohlen ständig, sie achtete darauf, daß es sich nie zu weit von ihr entfernte. Das Fohlen lief zügig auf die alte Rose zu. Die Scheckstute senkte den Kopf und schnaubte sanft.

„Seht nur, was für harmonische Bewegungen es hat“, rief Betsy begeistert.

Obwohl Rose sehr freundlich war, schien das Fohlen doch Angst zu bekommen. Es wieherte plötzlich quiekend und lief zu Biba zurück.

„Sie ist wirklich wunderschön“, sagte Ben. „Ich habe noch nie ein so hübsches Fohlen gesehen!“

„Wie soll es heißen?“ fragte Betsy.

Johanna blickte nachdenklich zu den roten Bergen hinüber. Der Wind trug den Duft der blühenden Obstbäume heran. Johanna sah, wie das Fohlen angaloppierte. Mit der Leichtigkeit einer Schwalbe schien die kleine Stute über die Weide zu fliegen. Die Sonne ließ ihr Fell aufleuchten.

„Sameda“, sagte Johanna und sah das Fohlen an. „Sie soll Sameda heißen, das ist der Name einer Prinzessin.“

Die schönsten Pferdebücher von Andrea Pabel

Freica heißt mein freches Pony
Lustige Erlebnisse mit Tieren

Das Wildpferd aus den roten Bergen (Band 1)
Der Kampf mit dem Coyoten
Die Rettung der schwarzen Stute

Das Wildpferd aus den roten Bergen (Band 2)
Der Ritt durch die Schlucht
Die Begegnung bei der Quelle

Das Wildpferd aus den roten Bergen (Band 3)
El Moro und seine Herde
Wildpferde in Gefahr

Das Wildpferd aus den roten Bergen (Band 4)
Talio soll frei sein
Ein Fohlen sucht seine Heimat

Das Wildpferd aus den roten Bergen (Band 5)
Der schönste Wanderritt
Im mexikanischen Hochland

Das Wildpferd aus den roten Bergen (Band 6)
Ein Fohlen für Biba
Das goldrote Pferdekind

Die Serie wird fortgesetzt